U0519282

圈子·段子之

职场金庸

金庸小说里的公司人智慧

沈威风◎著

西南财经大学出版社
Southwestern University of Finance & Economics Press

自序

成全别人，还得照顾好自己

时隔8年，《职场金庸》与《职场红楼》两本书，终于完成更新版本。看着即将付印的定稿，难免百感交集。

2000年至今，奥巴马的Change（变革）貌似不明显，而本人的变化却很明显——由体制内大报投奔了专业财经报，又到主流商业杂志，后来彻底转行加入互联网企业，2014年又去了正处于风口浪尖的移动互联网公司；身处的城市也由广州至深圳，再转战北美，最后又回归求学之地北京。

这期间，最大感触来自因为工作关系接触的企业家——由年轻的互联网新贵到传统的世界五百强豪门掌门人，再到一系列民企财富英雄传说中的土豪，他们各有各的精彩，各有各的演技。而本人由在台下看戏，到在台上演戏，再到在后面策划一台大戏，倒也收获颇丰。耳闻目睹各路奇人的传奇故事直接走出戏外，看得更加真切。

十几年中，经济狂飙，各路风流人物撒开了欢儿抢头条。冷眼旁观表演者的身段、造型，再念及幕后花絮，让人忍俊不禁。这正是本书所属“圈子·段子”系列的宣传主题语：读财富看传奇，把正经事当娱乐看。看公司人“普大喜奔”，少不了“人艰不拆”。

因青少年时期曾经反反复复地读《红楼梦》以及金庸小说，2004年一时兴起，在亲友团的怂恿下完成了两本书，其实也是在北美信手拈来，两三个月就完稿了。但是这几年来，不断有读者来信给予关注和好评，我欣慰之余也感惭愧，觉得还能写得更好。事实上，这两本书能够一直获得读者认可，还是得益于《红楼梦》及金庸小说在读者心中的地位，这使我有足够的发挥空间，和读者分享一些心得。

《红楼梦》是千古名著，金大师乃武侠巨匠，影响了一代又一代读者。作者在讲述曲折离奇的情节的同时，又绘声绘色地展现了中国人特有的思维方式与处事手段，而十多年来在商业领域一线的体验，则让我每每感触万千，所以，两者结合在一起，就有了这两本书的持续更新。其中，很多是我的读者、同事以及客户给予我的灵感。

这次的《职场金庸》新版本，更新的主要是商业案例与企业人物，而原版之中的对于金庸笔下人物的评价与观点，依然成立，所以没有变化。张无忌确实还是一个失败的领导者，他拥有很多资源，但因为性格问题，无法胜任创始人的角色，来回折腾，对于团队与事业都没能安排好，最后黯然退出。这个结局让人想起新浪创始人王志东，甚至是已经边缘化了的雅虎“生父”杨致远。萧峰曾经是超级CEO，然而能力超强的他，却始终无法平衡身边的两种力量，最后在矛盾中毁灭了自己。这是一个哈姆雷特式的中国式管理者，在越大的国企之中越常见。至于黄蓉，现在看来，她就是一个东海土豪家里的富二代，第一次出门就看中了老实但是背景深厚的官二代郭靖，然后她又牢牢地结交了公司江湖之中品牌强大、被奉为“德艺双馨”的洪七公，最后不可思议但又相当轻松地在天下第一大集团丐帮接班……黄蓉在这一系列关键时刻的处理与拿捏艺术，都是非常有价值的方法论。同样是富二代，陈家洛的成就则大不如黄蓉。金庸在两部小说中都对两人的言行、际遇进行了具体描写，详细铺陈了两人的选择，这样读者对不同的结果接受起来也很容易。

金庸笔下最让人瞠目结舌的人物是反英雄的韦小宝。此人的言行看上去背离了大部分中国传统价值观——他主要靠对人性敏锐的触觉而到处拉关系，搞整合，最后偏偏还能左右逢源，但是细细想来，此人小处随便，大节不亏。他做人处事，是立足于“义气”二字，是中国历史上的草根阶层代表。他只知有家，不知有国，只关注小团体利益，对于宏大叙事完全没有感觉。要讲忠，韦小宝说不上，但是所谓“仗义每多屠狗辈”，他花大力气维护与朋友或者说熟人之间的关系，在今天看来，这样一个“纯粹”的“自私者”，反而是市场经济的典型角色。他主观上为自己，然而盗亦有道，客观上也有利于他人，反而能够在社会有所作为。金庸塑造的这些人物，在今天的商业社会之中，还是非常有典型意义，值得大家想深一层，心领神会。

这次的《职场红楼》修改篇幅比较大。原来的内容缩减成为下半部分，删减的是原来小说的相关情节，增加的上半部分，是我在不同场合的讲座内容。

历来一说《红楼梦》，大家首先想到的是它是一本爱情小说，而且是写得相当动人的爱情小说。但是如果再看深一层，《红楼梦》其实是本世情小说，它是以社会现实为主，以家庭生活为题材，刻画种种世态人情的小说，爱情是里面的一个重要部分，但是肯定不是全部。如果我们只是把目光局限在贾宝玉、林黛玉和薛宝钗三人的爱情纠葛上面，那就太浪费了。贾宝玉不爱薛宝钗，爱林黛玉，但是最后却娶了薛宝钗而没有娶成林黛玉，从爱情关系来看很别扭，但是如果把这件事放到整个家族、整个年代、整个社会的背景下来看，反而很能理解当家人史太君的选择了。家族企业和政府一样，都是以利益为先，以长期的生存发展为主要目的，所以贾宝玉娶媳妇不仅仅是他个人的终身大事这么简单，他的媳妇会成为下一任贾府的内务领导者、当家人，这是一个培养大集团接班人的大问题。

传说之中本书的作者是曹雪芹，他生平坎坷，但是他的过人之处在于他非常洞察人性，还能用文学形式鲜明地表现出来。这本世情小说描述的多是普通人物，这些人不是京戏里面的帝王将相、大英雄、大圣贤，更不是扭转时局的超人，而都是大家平常都看得见、摸得着的栩栩如生的正常人。世情小说里没有那么多惊天动地的大事，也没有那些丰功伟业——即使是皇帝的恩宠以及家庭大变，也都是虚写为主——大多数时候，它写的是正常状态的人生。这类作品若不贴近真实生活，人们很容易觉出它假来。世情小说中的人物，就是生活在我们身边的人，每个人身上都是有优点也有缺点的。《红楼梦》里的人物为什么性格鲜明，打动人心？为什么这么多读者几百年来那么欣赏乃至崇拜曹雪芹？因为他敢把每一个美女都写出缺点，而且这些缺点还挺明显。

《红楼梦》中，以宁国府和荣国府为中心形成了一个非常具有代表性的小社会大公司。人物关系主要是有两种，一种是亲缘关系，以贾宝玉为例子，他跟贾母是祖孙关系，跟贾政是父子关系，跟王夫人是母子关系，他还有一个姐姐叫元春，有个哥哥叫贾珠，已经死了，有一个寡嫂，有一个妹妹叫探春，有一个赵姨娘生的亲弟弟叫贾环，其他的人有他的堂姐、表姐，薛宝钗和林黛玉都是他的表姐，贾琏是他的堂兄，贾琏其实跟他的血缘关系挺远的，但是因为宁国府和荣国府都比较富贵，一般读者感觉他们两家关系比较近，实际上仔细看的话，两家的亲缘都基本快出五服了；第二种是社会关系，小说设定的结构里，高高在上的肯定是皇帝，皇帝下面有王爷——小说里面曾经出现过北静王、南安王、忠顺王。贾政和皇帝之间是君臣关系，贾政身边又养了一群清客——詹光和卜世人这群名字很古怪的下属。贾宝玉身边围着一大群丫鬟和小厮，整个家还需要有管家、丫鬟，还有一些做杂事的嬷嬷。这几百号人之间有严格的等级制度，也有互相横向发生联系的时候，所以他们也有一套行之有效的管理方式，可能不比今天一家大集团公司里的关系更加简单，因此，研究他们之间的关系，以及他们怎么对待上级和对待下级，对于今天的读者来说是很有趣的事情。

惠能和尚说：“迷时师度，悟了自度。”人生本是一出戏，感觉到的东西我们不能理解它，而理解了的东西才能更深刻地感觉它。2014年，绝大多数城市白领都是公司人，静观前人的世故和老练、英明和圆滑，会心一笑之余，看护好自己的“奶酪”，点清楚自己职业棋局的筹码，尤其是找到适合自己的位置与路径，更为必要。

这两本书新版本的推出，就是与各位分享其中的心得。移动互联网时代，希望更多的朋友，用各种方式一起来互动交流金庸小说与《红楼梦》的点点体验。

沈威风于2014年2月

目　录

目　录

目　录

第一章　第一女CEO黄蓉的升职记

黄蓉在金庸的武侠世界里，算不上讨喜的女主角。但是所谓“性格决定命运”，她的性格决定了她这辈子绝不会小资终老，她注定要成就一番大事业。她以东邪之女、丐帮之主、郭大侠之妻的身份，统领江湖数十年，众望所归，气势如虹。

众人抬轿节节高

在金庸的武侠世界里，不乏让人咬牙切齿或者魂牵梦萦的女人，但是要说不太招人待见的女主角，或许黄蓉算得上一个。要论样貌出众，气质如仙，她比不上那个带着病容、不爱说话、脑子里翻来覆去只有“杨过”两个字的小龙女；要论用情至深、爱入骨髓，她的排名一定在程灵素之后；说到慷慨激昂、爽利决断、不让须眉，那个名字、身世不详的胡一刀夫人要是排第二，黄蓉也不好意思排第一。有人忍不住说了，老顽童天不怕地不怕，一见到智计无双的小黄蓉，就束手缚脚，就算他两只手两只脚能搞左右互搏也得乖乖听这个女娃子的话，第三次华山论剑，他还心甘情愿要推黄蓉做“中智”，可见黄蓉总还算有少许可赞许之处。只可惜金庸他老人家似乎也不待见黄蓉，到了《神雕侠侣》，非说黄蓉这点小聪明其实是精明，远非高明。

那黄蓉究竟有什么本事，能成为本书开篇第一号女主角呢？无他，黄蓉绝对是金庸的女侠队伍中，地位最崇高、权利最大、最懂经营之道的人。

在这个江湖中，女掌门不少，更有林朝英这样的不世奇才，武功练到比王重阳还高那么一点点。可惜两个人一番情海翻波，林朝英带着一套红嫁衣躲进了活死人墓，一身武艺只有一个丫头可传。这样的命运，实在是暴殄天物。她的徒孙小龙女也好不了多少，虽为掌门之尊，手下却只有一个师姐，还不听她使唤，只管带着自己的女徒弟在外面杀人放火，小龙女躲在墓里假装不知道，一点没有清理门派的意思，后来嫁了杨过，两个人归隐终南山下的活死人墓中。这个古墓派的功夫，在《倚天屠龙记》一书中惊鸿一瞥，那个鹅黄衣衫的女子出来露了两手，让读者们松了一口气，原来这门美妙的功夫尚有传人，不过要靠小龙女的肚子生出传人，来发扬光大古墓派，是无论如何不太可能的了。

袁紫衣做了好多门派的掌门人，不过她无非是靠武功抢了人家的掌门来做，雷声是大，可惜没有雨点跟上。她从来没有真正派驻代表进行门派管理的意思，是个光杆司令，跟情敌程灵素这个一脉单传的药农派唯一传人半斤八两，没有本质区别。

说起来，黄蓉的女儿郭襄女承母志，表现还算可圈可点。她四十岁顿悟，做了尼姑，从此开创峨眉一派，至今四川峨眉山上还留有不少徒子徒孙。只可惜，她气魄还是差了那么一点点，只看重女徒弟，不看重男徒弟，终究少了半边天，成不了大气候，最终培养出灭绝师太这样偏执疯狂的接班人。灭绝师太又逼得周芷若性情大变，带领峨眉派走上了阴谋的道路，峨眉派的清誉几乎毁在她的手上。后来的恒山派也不怎么样，被五岳派的其他门派欺负，要靠令狐冲以男子之身入座掌门，阴阳调和，方有恒山派的中兴。

其实黄蓉本来的命运，跟这些女子大同小异。如果没有意外，她学会了黄药师一肚子的奇门遁甲之术和精灵搞怪之能，奈何武功平平，继承了桃花岛，做了第二代女岛主，从此桃花岛不再是江湖人人谈之色变的武林一霸；如果没有意外，她嫁给了西毒第二代传人欧阳克，欧阳克武功也不是太厉害，不过吟诗作对、弄花赏月的风雅事还是拿手的，于是两个二世祖天生一对，臭味相投，“看看天，看看云”，小黄蓉的一辈子就这样过去了。但是所谓“性格决定命运”，黄蓉的性格决定了她这辈子绝不会小资终老，她注定要成就一番大事业。她以东邪之女、丐帮之主、郭大侠之妻的身份，统领江湖数十年，众望所归，气势如虹。

这是一个弱肉强食的社会，什么是强，什么是弱，却并不容易说清楚。武侠的世界也是一个弱肉强食的社会，强就是武功高强，弱就是手无缚鸡之力——这个说法，其实大谬。即使是在那个以武会友的世界里，也并不真的是武功高强者话事[1]。老顽童武功高强，会双手互搏，可是乖乖听老顽童吩咐的，除了被他绑上重阳宫的那几个废材之外，还能有谁？老顽童所到之处，大家无非给他个面子，但是对江湖上的事情，他却没有多少决定的权力。

人多，必然势众，势众必然势大，势大就好办事。黄蓉和郭靖在轩辕台上的一场恶战中，差点丧命。其实要说武

1　话事：决定。

功，那些老叫化的徒子徒孙们哪里是这两个北丐亲传弟子的对手，可是偏偏有个简长老，深谙人多力量大的道理，悄悄地跟小叫化子说：“小贼武功再高，也敌不过人多，咱们用车轮战困死他。”

在他的指挥下，十多名帮众排成前后两列，手臂相挽，结成一堵坚壁，发一声喊，突然低头向靖蓉二人猛冲过去，东西两边又有两排帮众冲了过来。郭靖见群丐战法怪异，待这坚壁冲近，竟不退避，双掌突发，往壁中人身上推去。他掌力虽强，可是这“坚壁阵”合十余人的体重，再加上疾冲之势，哪里推挪得开？

郭靖左右腾挪，连连叫苦，但见迎面又是一堵帮众列成的坚壁冲到，他忙吸口气，右足点地，又从众人头上跃过。岂知那些坚壁一堵接着一堵，竟似无穷无尽，前队方过，立即转做后队，翻翻滚滚，如巨轮般辗将过来。郭靖武功再强，终究寡不敌众，至此已成束手待缚之势。黄蓉身法灵动，纵跃功夫也高过郭靖，但时刻稍久，也抵挡不住，与郭靖会在一起，渐渐被逼向山峰一角。只见一堵又厚又宽的人墙缓缓移近，这番不是猛冲，却是要慢慢地将二人挤入深谷之中，同时是成百人前后连成了十余列，二人再也纵跃不过。

这个阵法差点把智计无双的黄蓉愁死，破解不了。最后黄蓉用了“擒贼先擒王”的办法，先把杨康拿下，挫了敌人的锐气，才死里逃生，但是这个人海战术，还是没有破。

同理，后来在襄阳城下，饶是大宋这边有郭靖、杨过、黄药师、老顽童等一干武林高手，可是在血战之下，还是挡不住蒙古大军的铁蹄。至于杨过一颗小石头打死了蒙古大汗，于是蒙古退兵，又保了大宋数年的平安，是纯属瞎说。如果这样都行，郭靖也太傻了，何必带着老婆孩子在襄阳搞了半辈子革命？他只需要带上几个武林高手，躲在蒙古都城，选一个大汗就暗杀掉一个，那样大宋江山不就千秋万代、固若金汤了？

说了这么多，无非是说，人多势力大，众人抬轿才能步步高。所以说起江湖地位，黄药师纵然武功再厉害，毕竟格局太小，就只有那几个徒弟，还让他挑断脚筋赶出了师门。十几年来，自己躲在岛上怀念老婆，与老顽童斗气，连个女儿也没教好，除了恶名声在外，没什么江湖地位。南帝手下只剩下四个没了兵权的大将军、脱了乌纱帽的老状元，再说他老人家看过了繁华，对权势也已经没兴趣了。西毒这个派别的组织结构有些奇怪，欧阳锋一个人单干，手下不过多几个穿得古灵精怪的仆人吹笛子，指挥蛇阵，有武功的手下竟然只有侄子欧阳克那几个穿白衣服戴白面纱的姬妾，也算是离奇。难怪欧阳克一出场就沦落到要替金国王爷完颜洪烈打杂，和一群不入流的人物如梁子翁为伍。他偏生还要端着架子假装瞧不起那群人，实际上又跟他们有什么分别呢？实在是丢了西毒的名头。

可见江湖也好，商界也好，职场也好，一定是组织的力量远比个人大。20世纪90年代，很多企业相信一两个明星经理人就能改变企业气候和命运，往往追捧那些能人。但是这些能人，往往只能在短时间内起到冲锋的作用，企业要真正全面改善，有可持续发展，怎么也不能把希望寄托在几个人身上，而是需要一个团体、一个组织、一个企业发挥整体力量。这虽然是老生常谈，但是越是高人，越容易忽略。

所以，不才在下以为，当日武林最高地位者，当推重阳真人王重阳，武功盖世不说，门人众多也是一个必要条件。只是，王重阳挂了之后，全真七子雷声大雨点却有点小，剩下一个师叔老顽童又有些不着边际，全真教声威日下，见到梅超风都跟见了鬼似的，自然也就不够威了。所以数来数去，还是丐帮比较厉害。

桃花岛、白驼山、丐帮的并购迷局

黄蓉日后得以在中原武林有那么高的地位，与她是黄老邪的女儿关系不是特别大，与她做了几十年丐帮帮主的关系很大。所以黄蓉事业的起步，就在于她抛弃门户之见，不被“黄药师的女儿”这个中看不中用的头衔阻住她前进的脚步，毅然投入洪七公门下做徒弟，开始了她叱咤武林的第一步。

现在回头看，黄蓉的人生有没有低谷呢？似乎没有，如果硬要说有，也应当就是她在桃花岛因为送东西给老顽童吃，被黄药师说了一顿，她小姐脾气一发作，连夜偷了条船翘家，打扮成一个小乞丐，一个人在中原游荡的日子。像她这样从桃花岛的象牙塔一下子跳到中原武林大染缸的过程，其实几乎每个人的一生都会经历一次，就是从校园到社会，一定会有一个类似的下坠或者理想破灭的过程。

这样的过程人人都有，但是之后能不能倒啃甘蔗，渐入佳境，就要看每个人的造化了。我们首先要认清楚，无论是社会还是企业，跟家庭、学校之间的差距不是可以道里计的。而在这个染缸中要屹立不倒，脚下的垫脚石当然是越大越好，越高越好。所以黄蓉抓住了机会，垫上了丐帮这个大石头，才有了她日后广阔的天空和不可限量的前途。

这个道理，放之今古而皆准。曾经在IT界新闻迭出的女人吴士宏，在她的自传中煽情地说，“绝不允许别人把我拦在任何门外，在内心我无法丈量自己与这道门的间距，虽然我足足站了5分钟，观察那些各种肤色的人如何从容地迈上台阶，毫无闪失地踱进转门，进入到另一种世界。这是五星级标准的长城饭店，它像西方小说里盛装的贵妇人，辉煌而傲慢，而我则要穿过它的转门，去谋求一份职业。”

她说的是1995年的事情，那时候吴士宏还是一个护士，也许温饱不愁，但用她自己的话说，生活得毫无生气。她人生的变化开始于她迈进那扇旋转门，在国际商业机器公司（IBM）北京公司做一个最普通最低级的员工，每天斟茶倒水，打扫卫生，进行纯脑袋以下的肢体劳动，任何人都可以随意支使她。但是，接下来的路就非同一般了。吴士宏成了业务代表，成了第一批本土的经理，然后又成了第一批去美国本部作战略研究的人。最后，她又第一个成为IBM华南区的总经理。再后来她成了另一家IT巨头微软公司的中国总经理。现在有人说起微软在中国的发展历史，也绕不过“吴士宏王朝”这段历史。不过，后来吴士宏自己说，她加入微软从一开始就是一个错误，但是我相信，无论如何她也不会说，她加入IBM是一个错误。

因为，没有IBM这个巨大的基石，又哪里有她日后说起微软的云淡风轻，在全国媒体面前的逆风飞扬呢？

不过，黄蓉比吴士宏更高明的地方是，她不是蹬了一块大石头，再登上另外一块更大的石头，她是把两块大石头垒在了一块儿，因为两块石头垫一起，无论如何比一块大石头要高一些。

这个说法，现在的媒体和一些自称IT评论家的人很不赞同，他们最擅长的一句话就是，1＋1未必就等于2，有时候搞得不好，还会小于2。他们有充分的理论和事实根据，因为前有时代华纳和美国在线（AOL），后有康柏和惠普这两桩惊天并购案的失败先例，这让他们教育起对并购有幻想的人来，底气分外足。

对于惠普和康柏这两家公司来讲，1＋1肯定是小于2了，为了这件事情，惠普公司意见大得很。据说这两家公司的企业文化差异不小，以致二者迟迟不能融合到一起，至于节约成本、增强管理效率、扩大市场占有率这许多好处，也不是特别明显，尤其是他们当初花了天文数字并购，想打垮的戴尔（DELL）公司，现在依旧活得挺滋润。于是惠普公司不乐意了，一生气把当初极力提倡合并的菲奥莉娜炒了鱿鱼，更一点不讲情面地给她扣上了一顶“不懂做生意”的帽子。

不过，对菲奥莉娜本人来说，就算老东家这么不给她面子，她在惠普这几年，也是稳赚不赔的。2001年，如果不是菲奥莉娜力排众议，这个历史上最大的公司合并案不一定能成形，而菲奥莉娜本人的知名度也未必能够攀升到今天的高度。比菲奥莉娜厉害、能干的首席执行官（CEO）不是没有，但是鲜有像菲奥莉娜这样名气爆出商界以外，行踪频频现于报纸要闻版而非财经版的。更有略带八卦性质的媒体爆料说，她被炒的一个原因是她名气太大，老是去进行商业演讲，不管是公事还是私事，都坐惠普公司的专用飞机。记得有媒体做过一个《找名人做CEO好麻烦》的专题，其中名列第一的，就是惠普这个明星女CEO。后来，菲奥莉娜商而优则仕，大举进军政坛，也有一番成就，此女的上位之道，令人叹为观止。

一样都是做CEO，一样都是做公司并购，只有菲奥莉娜利用一项明显不成功的并购把自己炒作成了一个“名人”，她当然是最大的受益者了。可见，1+1到底等于几，要从不同的角度来看。

说回桃花岛，它是武林人人垂涎的一块肥肉，人丁单薄，势力不大，但是产品质量过关，还拥有一些专利产品。所以西毒欧阳锋就想去并购桃花岛，带着侄子去桃花岛求亲。他打的主意自然是西毒东邪一成了亲家，黄蓉这个宝贝女儿的嫁妆里自然就有了桃花岛的一切武功秘笈。这个女娃子虽然擅长搞怪，一旦编进了白驼山的编制体系，也就掀不起什么大风浪，所以白驼山收购桃花岛，对于白驼山来说至少是1+1大于1。

黄药师对于经营一道不是太精通，不然也不会搞到偌大的桃花岛，人才凋零。所以一想到强强联手会有双赢的希望，他忙不迭地就想答应。但是他的女儿黄蓉学过一点经济学原理，又或者他女儿是菲奥莉娜转世，心中另有一把算盘，所以死活不肯答应和白驼山少主的婚事。她自己做主，嫁给了傻小子郭靖，然后拜入北丐的门下，终于因缘际会，不费一金一银一刀一枪，入主丐帮，成了丐帮的女CEO。

桃花岛收购丐帮是否成功的问题，后人研究的也不少，这个问题我们权且按下不表，但是因为这件并购案件，小黄蓉没有继续在桃花岛小资下去，而是一跃成为母仪武林的一代女侠。对于她来讲，两块大石好垫脚，1+1究竟等于几，陈景润也未必算得出来。

贵人见面要相识

洪七公身为丐帮帮主的功过得失这里暂且先不去说，光说做人，他一定是一个非常非常懒的人，而且也不是一个很进取的人。第一次华山论剑之后，王重阳为《九阴真经》伤透了脑子，还专门带着周伯通远去南疆找南帝；黄药师娶了老婆，收了好几个徒弟，又跟徒弟反目，将其打断腿全部赶出岛去；西毒下了一次黑手想偷真经，结果被王重阳重创，逃回西域不仅恢复了功夫，还自创了一套灵蛇拳；只有洪七公他老人家，还是一样吃吃喝喝，不务正业，用来走天下的降龙十八掌，还是祖宗传下来的。最重要的是，他人到中年，还是一个传人没有。穆念慈救了小乞丐，他也就随便指点了一点皮毛，根本派不上什么用场。当然也有可能是穆姑娘资质一般，入不了他老人家的法眼。

那什么样的人才能入得洪七公的法眼呢？有人会说是他的宝贝弟子郭靖，洪七公一身刚猛外家功夫，全都传给了郭靖，甚至一向只是帮主特别装备的降龙十八掌功夫，都让郭靖这个外人学了去，而且洪七公不止一次地称赞郭靖心眼好，做人厚道，可见是真心喜欢他的。不过说句实话，如果郭靖孤身一人，他和洪七公在大街上擦肩而过一百次，两个人也不会有交集。心眼好、做人厚道这些所谓的优点，绝对属于“第二眼优点”，素不相识的人一见面，这些优点很难体会到，甚至难免会有人觉得“是不是假装的啊？”更进一步说，就算洪七公法眼如炬，一眼就从郭靖的傻相中看出他是大智若愚，比杨康那个一脸机灵的小王爷聪明多了，一眼就看出郭靖傻乎乎的是真诚，不是幼稚好欺负，那又怎么样？郭靖知道洪七公是谁吗？

《射雕英雄传》里第一次提到洪七公，是在丘处机他们试过了穆念慈的武功后，这样说：“天下武学之士，肩上受了这样的一扳，若是抵挡不住，必向后跌，只有九指神丐的独家武功，却是向前俯跌。只因他的武功刚猛绝伦，遇强愈强。穆姑娘受教时日虽短，却已习得洪老前辈这派武功的要旨。她抵不住王师弟的一扳，但决不随势屈服，就算跌倒，也要跌得与敌人用力的方向相反。”

江南六怪乃市井之人，没什么见识，一听之下，就免不了佩服全真派见识精到。王处一就开始吹牛了：“二十余年之前，先师与九指神丐、黄药师等五高人在华山绝顶论剑。洪老前辈武功卓绝，却是极贪口腹之欲，华山绝顶没甚么美食，他甚是无聊，便道谈剑作酒，说拳当菜，和先师及黄药师前辈讲论了一番剑道拳理。当时贫道随侍先师在侧，有幸得闻妙道，好生得益。”

这短短的几句话就已经很说明问题了。等下一回，黄蓉偷了一只鸡，整了一只香喷喷的叫化鸡，正要将鸡撕开，身后忽然有人说道：“撕作三份，鸡屁股给我。”黄蓉、郭靖两人都吃了一惊，怎地背后有人掩来，竟然毫无知觉，急忙回头，只见说话的是个中年乞丐。这人一张长方脸，颏下微须，粗手大脚，身上衣服东一块西一块的打满了补丁，却洗得干干净净，手里拿着一根绿竹杖，莹碧如玉，背上负着个朱红漆的大葫芦，脸上一副馋涎欲滴的模样，神情猴急，似乎若不将鸡屁股给他，他就要伸手抢夺了。

这个中年乞丐也不等郭靖、黄蓉邀请，自己就大马金刀地坐在对面，取过背上葫芦，拔开塞子，酒香四溢。他咕嘟咕嘟地喝了几口，把葫芦递给郭靖道："娃娃，你喝。"郭靖心想此人好生无礼，但见他行动奇特，心知有异，不敢怠慢，说道："我不喝酒，您老人家喝罢。"言下甚是恭谨。

那乞丐向黄蓉道："女娃娃，你喝不喝？"黄蓉摇了摇头，突然见他握住葫芦的右手只有四根手指，一根食指齐掌而缺，心中一凛，想起了当日在客店窗外听丘处机、王处一所说的九指神丐之事，心想："难道今日机缘巧合，逢上了前辈高人？且探探他口风再说。"见他望着自己手中的肥鸡，喉头一动一动，口吞馋涎，黄蓉心里暗笑，当下撕下半只，果然连着鸡屁股一起给了他。

看到这里，想必很多不是很细心的读者都愣了一下，然后翻回上一章看丘处机和王处一当时究竟是怎么说这个乞丐的。那个懵懵懂懂的郭靖就更不用说了，一直到吃了叫化鸡，郭靖问他贵姓，老叫化亮出名号，黄蓉听了大喜，郭靖听了跟没听一样，什么反应没有。好在洪七公是个爽朗之人，否则像现在的明星一样，天天顶着个大墨镜上街，却没人认出来尖叫要签名，一定心里不爽得很。

所以说，郭靖一定不能入老叫化的法眼，因为他根本不认得洪七公这号人物，偌大一个丐帮祖师爷摆在面前，他也不会意识到这是他武术生涯的一个大机会。郭靖能够从此一举跳出江南七怪的小龙门，投身江湖豪门，成为一代新贵，完全是黄蓉的杰作。而这里，就不能不佩服黄蓉在客店窗外偷听，为穆念慈和郭靖的婚事吃干醋的同时，这些看似不相干的江湖逸事也一样逃不出她的耳朵，这才是一个有志青年的样子。

有志青年投身江湖的时候，自然是人轻言微、势单力薄，日后能否飞黄腾达，一来看自己的能力，二来也看运气好坏，有无贵人襄助。所以像黄蓉这样，做好情报工作，将江湖走势、江湖大局、江湖逸事、江湖豪门、江湖大公司的动向和武术新方向全都记在心里，她的机会自然就比别人多了。据说现在诸如《经济观察报》《二十一世纪经济报道》之类的财经类报纸杂志，是很多求职大学毕业生的心头最爱，因为上面有好多大公司消息和大老板动态。

看来这个世界，精明如黄蓉者多，愚笨如郭靖者，贵人对面不相识的，还是少数。说到这里，有一个笑话不能不说。

一个像所有人一样相信自己能够做成一番大事业的年轻人，机缘巧合，遇到一位商界中声名显赫的亿万富翁。他心里想，高人在前，不请教一下发达秘笈实在对不起自己。但是转念一想，贸然请教别人发达秘诀不仅不客气，还显得自己幼稚。于是他变通了一下，请教这位富翁当年是如何起步走向成功的。富翁非常有耐心，娓娓道来。

“那一年经济大萧条，我全部身家只有5美分。”

“哦，那不是1929年吗？”年轻人说。

“是啊，然后我用这5美分买了一只苹果。第二天，用10美分卖了出去。”

“于是您的身家就翻了一倍，赚了5美分啦。”年轻人兴奋地说。

“第二天，我又用这10美分，买了两个苹果。”

“第三天您又把这两个苹果都卖了出去。”聪明的年轻人举一反三。

“哦，第三天，我不记得那两只苹果到哪里去了，因为第三天我继承了一笔200万美元的遗产。”

这个笑话的意思是，所谓的商业成功，绝非坊间充斥的大量成功人士的自传或者他传，或者电视上兴致勃勃你问我答的对话节目中，企业家说的几条简单的道理就可以概括的。在千载难逢的机会遇到心目中的偶像大富翁，冲上去问到几句商场秘笈，那完全是当不得真的。这几条没有说过一万次，也说过一千次的道理，不是洪七公传给郭靖的第一招“亢龙有悔”，充其量不过是为了敷衍黄蓉，教给她的“逍遥游”功夫，中看不中用，以前没有，后来也从来没有见这师徒两个使过其中的功夫。

认识到大老板，有机会进入到大公司固然是好，有机会跟在老板身边让他耳提面命、言传身教更是真的好。

做菜的独门大料

大小姐一般十指不沾阳春水，每天实在想做一点体力劳动，也最多葬一下花，喂一下鹦鹉，洗手做羹汤的事情，除非是贫贱夫妻混到了发霉，假惺惺端个盘子出来举案齐眉、苦中作乐。最勤奋、最有见识的大小姐王熙凤在做了当家奶奶之后，刘姥姥吃了口大观园的茄子，大呼好吃，顺口问是怎么做的，她便不慌不忙，也不用问身边的管家奶奶、厨房媳妇，就完完整整把配方、佐料丝毫不差地背了出来，已经让人叹为观止了，至于亲自动手做，估计她也还差着一点。

所以，同样身为大小姐的黄蓉一出场，要报店小二看不起她的仇兼作弄一下傻小子郭靖，让他当羊牯冤大头花大钱请她吃饭，点了一桌子山珍海味，吃什么菜配什么酒，讲究得紧，那是一点都不奇怪。人家家里有钱，见过的世面多，不仅见过猪跑，更吃过无数猪肉，懂吃懂喝有点小资情调，那太正常不过了。不过到洪七公流着口水出现，把她整的那只叫化鸡夸得天上有地下无，就未免有些让人惊异了。这个桃花岛的大小姐，妙龄十五六岁，跟着武学神人黄药师学了十几年的功夫，也不过比傻小子郭靖强一点，而厨艺一道，不曾听说她有什么师父，在她短短十五年的生涯中也不曾离开桃花岛半步，竟然就自学成才，练成了天下无双的厨艺。这个事情非科学所能解释，只能说黄大小姐突如其来就对煮饭有了兴趣，然后因为她惊才绝艳、聪慧无伦，所以就练成了这无双的好手艺。

大小姐学煮饭，当然跟我们穷人为了填饱肚子的目的不同，人家是纯粹出于兴趣，无任何投机取巧的功利心在里头。她在桃花岛研究厨艺的时候也没有想到，自己找了一个大口吃肉、牛嚼牡丹的小伙子，却又凭着这手厨艺给自己和这小伙子煮出了一条通往成功的大路。

这个事情说明一个很浅显的道理，技多不压身，有些本事，乍看没什么用处，保不定什么时候就派上了大用场。吴士宏说起1985年她应聘IBM时候的情景，一肚子辛酸。她自己说，“我凭着一台收音机，花了一年半时间学完了许国璋英语三年的课程。我一直守候着机遇的到来。我鼓足勇气，穿过那威严的转门和内心的召唤，走进了世界最大的信息产业公司IBM公司的北京办事处。面试像一面筛子。两轮的笔试和一次口试，我都顺利地滤过了严密的网眼。最后主考官问我会不会打字，我条件反射地说：会!‘那么你一分钟能打多少？’‘您的要求是多少？’主考官说了一个标准，我马上承诺说我可以。”

要害就在下面，吴小姐回忆，“因为我环视四周，发觉考场里没有一台打字机。”所以她临场机变的本事，值得我们今天广大白领男女们好好学习。

果然，主考官说下次录取时再加试打字。实际上吴小姐那时候从未摸过打字机。面试结束，她飞也似的跑回去，向亲友借了170元买了一台打字机，“没日没夜地敲打了一星期，双手疲乏得连吃饭都拿不住筷子。”就这样，她竟奇迹般地敲出了专业打字员的水平。以后好几个月我才还清了这笔不少的债务，而IBM公司却一直没有考她的打字功夫。

吴士宏没有明说她去IBM应聘的是什么职位，不过从她后来的自述看来，肯定不是打字员或者需要用到打字的工作，但是打字这个看似不相干的技能竟然成为她应聘的一个门槛，而且这个技能在她花了银子花了功夫速成之后真的证明是一项不相干的技能，不能不让人暗地里叹口气，暗暗骂那个IBM的主考官信口开河，害我们吴小姐接到了这根鸡毛立马当成了令箭，没日没夜地学这门无用的功夫。

其实在职场、商场混久了，就不难明白这种类似的信口开河其实并非无的放矢，只不过这种表达方式是一种管理层流行的话语方式。就好像洪七公号称吃菜的状元郎，品评美食从无失误，但是他一吃到黄蓉做的那几个菜，立刻连舌头都快掉下来了，没嘴似的说好吃。其实根据研究，黄蓉的那几道菜，就算厚道点说好吃，也有限得很。

黄蓉第一次大显神通，做给洪七公吃的两道菜，一道叫“玉笛谁家听落梅”，是一道荤菜，用羊羔坐臀、小猪耳朵、小牛腰子和獐子肉加兔肉糅在一起，每四种小肉条拼在一起，肉只有五种，但猪羊肉混咬是一般滋味，獐牛肉同嚼又是一般滋味，不算次序，正好五五二十五种变化，凑成梅花之数，又因为肉条的形状像笛子，所以取名叫“玉笛谁家听落梅”。另一道是个汤，卖相非常好，碧绿的清汤中浮着数十颗殷红的樱桃，又飘着七八片粉红色的花瓣，底下衬着嫩笋丁子，红白绿三色辉映，鲜艳夺目，汤中泛出荷叶的清香，想来这清汤是以荷叶熬成的了。据说这汤里荷叶之清，笋尖之鲜，樱桃之甜都不用说了，最妙的是樱桃核早就挖了出来，嵌进了一丁点儿斑鸠肉，因为这汤里有粉红花瓣如美人脸，樱桃小口，竹下君子，更有“关关雎鸠，在河之洲”，所以就得了个稀奇古怪的名字，叫“好逑汤”。

现在好事的人很多，但凡书上写过的美食，都会有人去做试验，煮出来给大家品尝。结果常常令人大失所望，所谓盛名之下，其实难副。

别的不说，就说北京南城大观园里著名的红楼宴，就打击了多少《红楼梦》热爱者的信心。原来所谓的锦衣玉食，果然像贾宝玉的红豆曲里说的，“咽不下玉粒金莼噎满喉”。黄蓉这两道菜，有人照着配方做出来，说那道炙肉也就罢了，我们没有洪七公那条天下无双的舌头品尝不出这五五二十五种变数之中的奇妙变化带来的精妙鲜美，好歹有些肉味。那道“好逑汤”可着实令所有人失望，汤味道之寡就不提了，那甜甜的樱桃中夹着一点肉的味道，吃起来像极了白兰氏鸡精，与美味是绝对无缘的。

再看黄蓉做过的那几道菜，无一不是以纷繁复杂见长，总之就是怎么难办怎么奇巧就怎么来。这种做法在厨艺上也许算不上王道，但是在职场上却是绝对的王道，职场上为人做事，要的就是这个态度。我们常说，有困难要上，没有困难创造困难也要上，就是这个道理。做人，做下属，做接班人的候选人，自然要摆低姿态，表现出绝对的热诚和忠心。做事，替老板办事，那当然是克服重重困难，跋涉过万水千山，经历八十一道磨难终于取得真经，才算本事；否则，不费吹灰之力，手到擒来，大家都没什么戏唱，未免对不起大老板的器重。

黄蓉这几道菜的大料，原来落在了此处，看来这位大小姐煮饭的功夫，当真是出神入化啊。

抢位置要近身逼抢

洪七公一时侠义心起，不忍心看西毒欧阳锋被他自己放的一把大火烧死，出手相救，没想到欧阳锋完全不讲江湖道义，反而施以暗算。洪七公又是中毒又是中掌，被黄蓉救到荒岛上的时候，已经只剩下半条命，一身武功尽废，成了一个糟老头子。于是他把帮主的位置传给了黄蓉，并嘱咐她说："今年七月十五，本帮四大长老及各路首领在洞庭湖畔的岳阳城聚会，本来为的是听我指定帮主的继承人。只要你持这竹棒去，众兄弟自然明白我的意思。帮内一切事务有四大长老襄助，我也不必多嘱，只是平白无端地把你好好一个女娃儿送入了肮脏的叫化堆里，可当真委屈了你。"说着哈哈大笑，当真就放下了这头心事。

洪七公的算盘打得很好，黄蓉是他的弟子，丐帮中是有人知道的，现在虽然是临危受命，但又加上自己亲传的帮主不传之秘的打狗棒法，丐帮弟子和四大长老自然就会尊这个女娃子为十九代帮主，奉她的号令行事。洪七公打定主意，从压鬼岛脱困之后，也不急着干别的，更不急着陪小徒弟去洞庭湖，就记挂着去大宋临安皇宫里吃白食，当然也是因为他对黄蓉绝对有信心，认为她摆得平。

结果谁知道，黄蓉和郭靖这两个少年英雄差点就被人摆平了。黄蓉不小心丢了帮主信物打狗棒，在轩辕台上她把打狗棒从杨康手里抢回来的时候，书里说这打狗棒是帮主的法杖，被人从手中抢去的事情从无发生，所以群豪在台下看得目瞪口呆，登时对杨康的帮主地位也有了怀疑。其实大家忘了，这打狗棒一开始不也是被人从黄小帮主手里抢走的吗？原来黄蓉和郭靖两个人在岳阳楼上一个发扬小资情调，一个大谈英雄气概，正谈得起劲的时候，被彭长老施了摄心术迷住，昏昏沉沉就睡了过去，被五花大绑地带上了轩辕台。到了这里，如果是正常情况，黄蓉这个小帮主是做不成了。因为以杨康的聪明、精明和决断，他既然甘冒大险凭着一根竹棒就来冒充帮主，又怎么能留下黄蓉和郭靖两个祸根，更把他们两个带到自己的登基大典上，弄醒了他们来跟自己搅局？无论怎么算，杨康都该手起刀落，喀嚓一声把黄蓉、郭靖两个人砍了，才符合杨康的性格。

后来黄蓉在轩辕台上大展神威，把杨康和几个心怀不轨的长老打得屁滚尿流，夺回帮主的宝座，那就是金庸大侠偏心眼加理想主义了。历史和现实无数次地证明，只有在灵前才能继位，像黄蓉这样怀里揣着圣旨千里迢迢赶回来继承大统的，从来只有鸡飞蛋打一场空的下场，最惨的还有可能就此丢了性命。

这种把戏的历史太悠久了。公元前210年，秦始皇出巡到沙丘（今河北广宗县西）的时候，生了病，自知不治，吩咐赵高写信给公子扶苏，叫他赶快回咸阳去，万一自己不幸，就让他继承大位。

信写好了，还没来得及交给使者送出，秦始皇已经咽了气。李斯叫赵高赶快派人把信送出去，叫公子扶苏赶回咸阳。赵高是公子胡亥的心腹，他偷偷地跟胡亥商量，准备假传秦始皇的遗嘱，杀害扶苏，让胡亥继承皇位。胡亥当然求之不得，完全同意。赵高又说通了李斯，说让扶苏继承皇位以后，李斯就保不住丞相位置。于是三个人合谋，假造了一份诏书给扶苏，说他在外不能立功，反而怨恨父皇；说将军蒙恬和扶苏同谋，都该自杀，把兵权交给副将王离。

大将蒙恬还有点脑子，怀疑这封诏书是伪造的，要扶苏向秦始皇申诉。可扶苏是个老实人，说："既然父皇要我死，哪里还能再申诉？"就这样自杀了。

一直到中国封建王朝的最后一代清朝，同样的事情依然一有机会就会发生。传言努尔哈赤要传位给多尔衮，但努尔哈赤死的时候多尔衮不在眼前，于是皇太极逼死了多尔衮的母亲，自立为大汗。而康熙要传位给他的第十四子大将军王，却被四子雍正窜改了圣旨自立一说，也被小说和电视剧描写得越来越真。这说明不仅仅是帝王将相对这个问题有共识，就连看多了史书的文学家、剧作家都赞同这样一个事实：曾经有一个宝座放在我的面前，叫我怎么能不珍惜它？任由它虚位以待他人？

不过，像黄蓉这样好运气的人现实生活中不是没有，偶尔有一个，还引起了公众和新闻界的强烈好奇。2003年全国工商联副主席李海仓遇害身亡，留下资产20亿的海鑫集团。他22岁的儿子李兆会被匆匆从澳大利亚召回，火速成为了这个家族企业年轻的董事长。但是，据某杂志透露，在当地听某了解内情的出租车司机说，李兆会继位也不是想象中的一帆风顺。

据说，李兆会当时在澳大利亚留学，还没有毕业，父亲遇害后他才辍学回国接替父亲的事业。李海仓去世时正当英年，接班人问题还是一个很遥远的话题，他突然离世，海鑫集团一时乱了阵脚。不过，当时也并不是无人可选，接替李海仓的有三个人选，一个是副董事长，一个是李兆会的五叔海鑫集团总经理，还一个是李兆会的六叔海鑫集团常务副总经理。最初李氏家族并不想把海鑫的大权交给李兆会，因为他一没有管理经验，二没有接班资本。除了血缘，他唯一的资本就是曾在澳大利亚求学五年，系统地学过一些企业管理和市场营销的知识，而要掌管一个20亿资产的大集团，这点所谓的底子实在有些太薄弱。

据说，最后是李海仓的父亲，李兆会的爷爷一锤定音，说李海仓的资产只有直系亲属可以继承，也就是只有李海仓的亲生儿子可以继承这个位置，因为海鑫集团是由李海仓绝对控股的。

这种情况大概只有在家族企业才会发生。通用电气在选择韦尔奇为接班人时，它的前任CEO琼斯用了两年时间把最初的96位候选人减少到18位，又从中筛选出11名候选人并把他们放在适当的岗位上进行锻炼，然后经过4年的考核，确定了3名候选人，最后从这3名中挑选出韦尔奇为接班人。韦尔奇选拔他的接班人时，也是经过六七年的考核，十四个环节的审查，才最终确定的。我们的大企业在这个问题上表现得稍微差劲了一点，龙头企业长虹选掌舵人时，倪润峰和赵勇互相换位了好几次，看得大家眼花缭乱，不知道谁是谁的继承人，但是从善良的角度来看这件事情，也看得出这些企业在接班人的问题上虽则犹豫，却也认真不敢儿戏。

当然，上述所说的李兆会接班的故事全部来自某杂志的报道，而那篇文章在某些细节方面颇有不可信之处。文章绘声绘色地说，李兆会“当时正在澳大利亚一所私立学校上课，突然接到海鑫公司的通知，说他奶奶病了，要他赶快回家。‘家里一定出了什么事，说奶奶病可能是借口，不然，家里不会这么急要他回去……’坐在飞机上，他正这么想着，突然前面两个香港女孩读报时读出一声惊讶：哟！全国工商联副主席李海仓遇害身亡了。李兆会浑身一震，打开身边的一张香港《××报》一看，头版头条上赫然写着：全国工商联副主席李海仓遇害身亡。‘轰’的一声，脑子如同爆炸了一般，眼泪奔涌而出……”

很难想象，两个香港女孩看到李海仓遇害会有这么大反应，以本人对香港年轻女仔的浅薄了解，现在能让她们在飞机上读报纸的时候“哇”一声叫出来的，除非是刘德华被人暴打，某女星被人踢爆整容，至于李海仓虽然坐拥20亿资产，不要说香港女孩子，就是内地女孩子知道他的又能有几个呢？

新官上任三把火

黄蓉接任帮主一事，受到来自杨康的挑战，而杨康拉拢了丐帮四大长老中的三个，因此得意洋洋在丐帮大会上捏造所谓的洪七公遗言，长老们也没什么意见，于是他暂时顺利地继位了。那三个长老，就是丐帮净衣派的简长老、梁长老和彭长老。这三个长老知道污衣派的鲁有脚在帮中居功甚伟，很得洪七公的欢心，所以如果洪七公亲自来传位，十有八九就传给了他，鲁有脚这个人脾气倔得很，又十分以做一个乞丐为荣，如果他接替了帮主的大位，必定对净衣派十分不利。

没想到天从人愿，突然冒出一个玉面郎君杨康，三个长老一看这个公子哥的派头，衣食都务必求精，认定这小子一定是净衣派的好帮手，所以尽管没搞清楚洪七公是否将大位传给了杨康，他们也无怨无悔、心甘情愿地奉杨康为帮主，要跟黄蓉作对。

黄蓉学到了丐帮帮主不传之秘的打狗棒法，有恃无恐，一旦脱困，立即发起反攻。三个长老不服气，分别上来跟黄蓉打架。黄蓉施展了许多她从洪七公那里学来的杂七杂八的华而不实只得形式的武功，打得梁长老眼花缭乱，不知道如何下手。她又施展了打狗棒法，把武功高出她许多的简长老压制得武功无从施展，只能认输了事，当场撤杖叉手当胸，口中道："参见帮主。"黄蓉还是不放过他，继续耍着手里的竹棒害得简长老绕圈，台下群丐见了黄蓉神乎其技的打狗棒，心中大服，于是也齐声道："参见帮主。"

这个时候，黄蓉的天下已定，冒牌帮主杨康也悄悄溜走了。净衣派三大长老之一的彭长老，还没有跟黄蓉过招，也许心里还是不服，挺身出来对着黄蓉叉手行礼，口里说"参见帮主"，实际却暗地里施展摄心术。黄蓉与他目光相接，不禁心中微微一震，急忙转头，但说也奇怪，明知瞧他的眼睛必受祸害，可还是不由自主地想再瞧他一眼。一回首，只见他双目中精光逼射，动人心魄。这次转头也已不及，立即闭上眼睛。彭长老微笑道："帮主，您累啦，您歇歇罢！"声音柔和，极是悦耳动听。黄蓉果觉全身倦怠，心想累了这大半夜，也真该歇歇了，心念这么一动，更是目酸口涩，精疲神困。

彭长老为人狡猾，这句话是金庸说的，但是这个事情做得让人有点摸不着头脑。梁长老和简长老功夫比他好，都已经认输了，鲁有脚就更不用说，一开始就是帮黄蓉的，台下的群丐们也都拜见过帮主了，杨康这个没义气的也已经跑了，那么他跑上来用摄心术迷住黄蓉，让黄蓉睡过去，究竟想干什么？难道黄蓉能被他迷倒，就能证明黄蓉也是个冒牌货？他不可能没注意到，郭靖刚刚跟铁掌帮的裘帮主打了一场恶战，展示了无敌神功，正好端端在一旁站着，他迷住了小郭的心上人，小郭能饶过他？我们也很难相信短短几天时间杨康就能将他收服得死心塌地，在杨康逃走了之后他还要出头替主子报仇。他们净衣派喜欢杨康的公子派头，其实黄蓉的小姐派头一点也不小，讲吃讲穿哪点比不上杨康？彭长老有什么理由要孤身犯险跟黄蓉作对呢？

黄蓉本来心里就对彭长老有气，彭长老这么大一个人贴到枪口上来，她心里可是说不出的高兴。她叫郭靖在她耳边背了一遍《九阴真经》中的移魂大法依着止观法门，由“制心止”而至“体真止”，她内功本有根基，人又聪敏，一点即透，当即闭目默念，心息相依，绵绵密密，不多时即寂然宁静，睁开眼来，心神若有意，若无意，已至忘我境界。彭长老见她闭目良久，只道已受了自己言语所惑，昏沉睡去，正自欣喜，欲待再施狡计，突见她睁开双眼，向着自己微微而笑，便也报以微微一笑，但见她笑得更是欢畅，不知怎的，只觉全身轻飘飘的，快美异常，不由自主地哈哈大笑起来。

彭长老正在聚精会神地用慑心术对付黄蓉，被她突然还击，这一来自受其祸，自是比常人所遭厉害了十倍。彭长老笑到停不下来，在地上直打滚，上气不接下气，眼看就要送了性命，梁长老、简长老和鲁长老集体求情，郭靖也说饶他性命，黄蓉才有条件地饶了他的性命。彭长老止了笑声，直翻白眼，委顿不堪，一条命生生笑走了半条。

收拾完彭长老，黄蓉装模作样地问道："这彭长老心术不正，你们说该当如何处治？"简长老一投入黄蓉门下，立刻尽心竭力体味黄蓉的心思，当时躬身道："彭兄弟罪大，原该处以重刑，但求帮主念他昔年曾为我帮立下大功，免他死罪。"黄蓉笑道："我早料到你会求情，好罢，刚才他笑也笑得够了，革了他的长老，叫他做个八袋弟子罢。"简、鲁、彭、梁四长老一齐称谢。黄蓉道："众兄弟难得聚会，定然有许多话说。你们好好葬了黎生、余兆兴两位。我瞧鲁长老为人最好，一应大事全听他吩咐。简、梁二位长老尽心相助。我这就要走，咱们在临安府相见罢。"

处置彭长老是黄蓉上台做的第一件大事，这件事的处置说起来又是一大篇。一来杀鸡给猴子看，趁一众高层、低层全部在场的好时机树个人板给大家看，跟小黄帮主作对就是这样的下场。当然这个鸡不能杀得太血腥，现在一些人喜欢假装有善心，动则要环保，不许虐待动物，残忍杀鸡法虽然起到的惊吓效果比较好，但也容易被几个别有用心的人到动物保护协会打个小报告什么的，黄帮主虽然不至于搞不掂，但是上台伊始卖个口乖，博一个以德报怨的名声，黄帮主这个生意有得赚。二来，当然是许多新上位的管理者都会做的一件事情，就是清洗旧臣。这些旧臣仗着自己在帮会中立过大功，仗着自己位高权重，本来还一度是下任帮主的有力竞争者，如今不知道从哪个石头缝里蹦出一个乳臭未干的黄毛丫头，拿着根竹棒就指指点点，看在眼里当然不舒服。"新帮主上台立足不稳，许多事情大约也得仰仗自己吧。"旧臣们心里打着这个主意，自然暗地里就要拆下台，泼几盆冷水来平衡自己的心理。黄蓉是个有决断的人，断然不会让偶尔的善心和所谓的妇人之仁来伤害自己利益，所以她一上台，就把稍有异心的彭长老拿下，剥夺他的权利和头衔，快刀斩了乱麻，就算对自己的管理在短期之内有什么不方便的影响，但对自己的帮主地位不会有动摇，就好了。

22岁就接掌海鑫集团董事长大位的李兆会，上任不久，也被媒体曝出“把和他父亲一起创业的元老都洗走了”。这些元老中有一个是李兆会的五叔李天虎，他原本是董事长位置的有力竞争者，后来成了李兆会上任之后的辅助者，在海鑫集团的创业时期立下过汗马功劳。根据媒体的报道，李天虎在李家6兄弟中，是最受李海仓赏识的。1992年时，海鑫要上变电站，李海仓找运城设计院，要求半个月拿出图纸，可人家提出得三个月。当时，李天虎正要回家过年，便毛遂自荐：“干脆让我干。”三哥李海仓说：“运城要6万元设计费，你要多少钱？多了我不干。”李天虎说：“肯定比运城少，这行吧？”就这样李天虎接下了这个活，然后拉了几个同事帮忙，只用了10多天的时间，就把70多张图纸交给了三哥李海仓。最后他请几个帮忙的同事吃了顿饭，并象征性地给了设计师一些费用，总共花了几千块钱，就帮李海仓解决了大问题。交图纸那天，李海仓对他说，这里需要你，回来吧。就这样，1993年3月，李天虎来到了三哥李海仓一手创办的海鑫公司。不过，三哥李海仓没有让他担任任何职务，先是把他安排在一线做事，让他对企业有个全面的了解，并让他到最艰苦的岗位上去锻炼，然后，让他从工段长干起，随后是总经理助理、副总经理，最后才让他坐上总经理的位子。

这样一个忠心耿耿有学识有经验的五叔，在李兆会上台半年之后，就退下了总经理的位置，去海鑫水泥厂当了厂长。虽然海鑫水泥厂也是海鑫集团的下属企业，但五叔去了之后，水泥厂就成了具有独立法人和独立经济核算的实体，每年产值都可达到1亿多元。有媒体分析说，五叔就此将自己的股份从海鑫集团分离了出来，而李兆会从此独揽大权，一人身兼董事长和总经理两个职务。

李兆会不是唯一一个血气方刚一上任就能够坚决进行高层大换血的年轻人。泰华房地产公司是深圳一间颇负盛名的房地产公司，曾经在深圳创下几个天价买地的记录。老板英年去世，儿子二十多岁继位，后来专门和地产教父王石一起到日本考察，其间借机向王老师求教。王石就问这个年轻人，上任之后做了几件事情，年轻人说，解散了很多个部门，把很多作用不明显的人力做了减法。王石叹道，必是有高人指点。年轻人憨厚地回答，说正是世联地产的董事长陈劲松所教。可见，新管理层上任，调整部门，减少不稳定因素，也是一门有用的心法。

不过，一上任就能独当一面的年轻接班人毕竟是少数，所以，家族企业的企业家很早就让儿女进入企业，从基层开始培养。中国内地比较有名的子承父业的例子，是刘永好传位给女儿刘畅。这其实是刘永好早就规划好的，从刘畅16岁出国留学到2002年回国到新希望农业做办公室主任，再先后到新希望乳业和新希望房地产公司任职，这么多年的历练都是刘永好策划的。据说刘畅在新希望任职的时候很低调，对外称自己叫“李天媚”。

类似的情况还有宗庆后钦定接班人宗馥莉，杨惠妍接棒父亲杨国强等。这种子（女）承父业的方式相对要稳妥得多，免得发生赵高篡改圣旨，胡亥亡国的悲剧。

身兼东邪、北丐两家之长

很多人包括本人在内，一向对“企业文化”几个字有偏见，可能这是小人之心，一听这几个字，就担心是公司的阴谋，企图用文化之说刻薄了我们的银两去。存了这个先入为主的想法，到后来看到别人说公司合并失败，是因为两个公司的企业文化冲突的时候，就忍不住从鼻孔里喷点气，肚子里悄悄地说：“什么文化不文化的，该打工打工，该赚钱赚钱，至于公司到底挂的什么牌子，哪有那么重要，说文化冲突导致合并失败，不过是托词罢了。”

不过后来对于企业文化问题突然有了一点新的体会，意识到以前的理解实在太浅薄了。当然一个打工仔，看问题只能井底观天，一叶障目，也算不得什么大错。有道是书中自有黄金屋，书中自有颜如玉，书中也自有一场惊天合并案供我们学习。这本好书的名字叫做《射雕英雄传》。

黄蓉在练武功这件事情上一直不是很上心，不过江湖人都知道，她身兼东邪、北丐两家之长。这两门绝顶的武林门派的功夫非同小可，所以就算黄蓉只是随便练练，到了后期，她的身手也可列入一流高手的队伍，只是不如她丈夫郭靖那么旷古烁今罢了。所谓近朱者赤，近墨者黑，黄蓉除了在武功上身兼东邪、北丐两家的长处之外，在为人处事上，也难免会受到黄药师和洪七公两个人的影响。这个影响，可就说不上有多好了。

洪七公受了欧阳锋的暗算，武功尽失，万般无奈之下，把丐帮帮主的位置传给了黄蓉。书上说这虽然是洪七公无奈之下的办法，但是想到黄蓉虽然武功不高，但胜在聪明伶俐，倒也堪担大任。可是洪老帮主千算万算，忘了一条——黄蓉是桃花岛主东邪的宝贝女儿，家学渊源，除了伶牙俐齿之外，还有我行我素、自私自利这一面。所以有丐帮这么一大批人马掌握在手上，黄蓉遇到事情，是无论如何都要利用一下这个天然资源，而不会去考虑她让丐帮做的事情，究竟是否符合丐帮“行侠仗义”的帮会纲领。

黄蓉虽然聪明伶俐天下几乎无双，但是她刚刚做上丐帮帮主宝座的时候，毕竟年纪幼小，不太懂得利用丐帮帮众庞大的优势，所以一开始她只不过利用了丐帮便利的交通网络，时不时叫小叫化子替她打探点消息，送个信而已。

黄蓉第一次大规模地利用丐帮，应该开始于她和郭靖吵架翻了脸，郭靖为了找她，一直往北走，走到了蒙古。他一时义气，不肯取消他和华筝的婚约，所以一到蒙古，就又成了蒙古国的金刀驸马，身份尊贵得紧。郭靖在他与华筝的关系这个问题上，一向有些婆婆妈妈，成吉思汗叫他成亲，他满心不愿意，却又不肯当面说出来，只知道在家里愁眉苦脸。他妈李萍替他拿了个主意，说不如回南方去吧。他就去跟华筝告别，本来他也不是什么蒙古人，也不太愿意做金刀驸马，更在山东见到金兵杀人的时候就心里想过，兵凶战危，最苦的还是老百姓，可是他正在跟华筝依依惜别之际，一听到大汗点将，也来不及跟华筝多说，就飞奔去了成吉思汗的大帐。

郭靖本是个平民英雄，成天想一些“人民最苦”之类的哲学思想，可是在成吉思汗决定去打花刺子模国，他的杀父仇人完颜洪烈也在彼处时，他立刻想一要报杀父之仇，二要报大汗收留他母子的恩德，于是二话不说就替成吉思汗去带兵打仗。黄蓉此时已经悄悄到了蒙古，见心上人要打仗，就派简长老、梁长老和鲁长老带了数千丐帮帮众来助郭靖西征。郭靖打仗是为了报恩兼复仇，黄蓉是为了情郎义无反顾，丐帮的帮众呢？自然是帮主一声令下，毫无选择就做了炮灰。

尝到了这个假公济私的甜头之后，黄蓉利用丐帮帮众为郭靖的英雄事业出人出力成了习惯。她一人独揽大权，简长老、梁长老和鲁长老对她的做法也没有半点意见。

金庸老先生另外一部力作《天龙八部》中提到，丐帮一向致力“驱除鞑子”，但是行事低调，就是怕引火烧身，把敌人的注意力吸引到自己身上，大举来攻，对丐帮不利。所以《天龙八部》中丐帮长老立下了刺杀辽国大将的大功劳，却没有人知道。黄蓉却好出风头，不仅带着丐帮的人驻守襄阳几十年，还授意鲁有脚召开一个英雄大会，推举武林盟主带领大伙儿干革命。想法是好的，只是做法大大违背了丐帮传统。打着爱国主义的旗号之后，丐帮名正言顺成了一支不领军饷的黄家军。不过像郭靖在《射雕英雄传》的结尾思考过的深刻问题所说的那样，一将功成万骨枯，蒙古一战丐帮瞎掺和打了无厘头的一战，成就了郭靖军事家的地位，义守襄阳十多年，成就了黄蓉夫妇大侠的名声，可丐帮这个中原第一大帮派，却从此由辉煌走向衰落。襄阳城破之后，丐帮从此式微，到了《倚天屠龙记》的年代，丐帮再无天下第一帮派的气势，这个结果黄蓉这个桃花岛的女儿难辞其咎。

桃花岛主黄药师是一个颇有魏晋遗风的异士，他身上有一点知识分子的孤僻，有一点武林宗师的不可一世，更有一点中年美男的神秘魅力。桃花岛的功夫，独步天下，自成一格，桃花岛的门人不是隐居在山林湖海之间，便是大隐隐于市，开个野店打铁铺，总之就是一句话——出世。可惜黄药师的掌上明珠黄蓉受了北丐洪七公的熏陶，又被洪七公亲传弟子郭靖的大道理教育了几十年，心里就算不认同那套仗义的道理，也不敢违拗。所以桃花岛上上下下，连黄药师、程英在内，都在襄阳大战里掺和了一脚。小说没有明说最后襄阳城破的情形，反正最后桃花岛后人只剩下郭襄一个，桃花岛的绝学半点没有流传下来。峨眉派的功夫竟然找不到一丝碧海潮生、落英缤纷的影子，不可谓不可惜。

桃花岛的传承至黄蓉而止，丐帮自黄蓉开始式微，都因黄女侠身兼东邪、北丐两家之长。原来，企业文化的冲突和难以融合，果真具有巨大的杀伤力。

女权力爱好者的通病

丐帮有黄蓉为帮主数十年，不知道是幸还是不幸，正可谓成也黄蓉败也黄蓉。黄蓉武功不算差，又妙计无双，眼珠子转一转就能想出千百条计策来，她人面也广，在当时的武林中做起公关来，谁也比不上她的天时地利人和。当时的武林顶尖高手，基本个个都跟她沾亲带故。而在她的管理下，丐帮自然是井井有条，发展上了轨道。但是黄蓉做帮主有些太久了，未免忘记了丐帮虽然是个民营企业，却并不像桃花岛一样是个家族企业，换言之，丐帮虽然尊她为帮主，却并没有就此姓了黄。但是黄蓉乾纲独断几十年，长老权力大大削弱，所以丐帮已经成了黄蓉的一言堂了。到了最后，丐帮可以没有黄蓉，但是黄蓉还能离得开丐帮吗？

不是我在这里胡说八道，污蔑黄蓉是个权力爱好者。丐帮作为金庸武侠作品里早期的第一大帮派，开始的时候组织结构还是很严谨的。且看北宋初期，丐帮帮主乔峰在姑苏城外杏子林中遭受一次帮众叛变危机。当时大智分舵的舵主全冠清联合了四大长老，想废除乔峰的帮主之位，而先擒住了其他几舵的舵主和长老。从这里，我们可以隐约看到，当时丐帮的组织结构还是非常严密的。帮主之下有十六大长老，长老中也有位次高低和职责分配，有传功、执法两大长老，而长老的地位超然，对帮主隐然有监控的权力，乔峰对于长老的意见非常尊重，徐长老不让他看本帮的密报，他立即握拳不再多看一眼。

丐帮还有一个传统，就是民主选举制度。当时丐帮的帮主承继，不是世袭制度，也不是禅让制度，而是帮主指定之后，尤需要长老通过。乔峰的帮主位置，就来得十分不容易，老帮主给他出了三道难题，完成了七项任务，才众望所归登上帮主的位置。乔峰之后没有指定帮主，丐帮内部进行比武，要公选出一个帮主来，谁知道全冠清搞鬼，找来一个武功高强的游坦之，取了这个位置。不过少室山下，游坦之表现太差，丢了丐帮的脸，丐帮内部立刻就否决了这个伪帮主。

黄蓉嘴里说她做了这么多年丐帮帮主，帮里的事情都是鲁有脚打理，所以把帮主的位置传给鲁有脚是应该的。但是在黄蓉做帮主的时候，鲁有脚已经是个中年乞丐了，等黄蓉自己到了中年，鲁有脚已经不再是壮年之人了。鲁有脚对丐帮有功劳，但是黄蓉不会看不到鲁有脚的武功提不上台面，又没什么领导能力，连个打狗棒都翻来覆去地学不会，明显不是一个帮主的优秀人选，黄蓉为什么非要把位置传给他呢？只有一个原因，鲁有脚忠心，听黄蓉的话。

到了这个时候，丐帮的管理层除了黄蓉这个帮主，就是鲁有脚这个长老。不要说长老对帮主有约束能力，简长老死了，梁长老一直生病，彭长老逃走了，连四大长老这个组织制度，到黄蓉手里都废了，几十年的时间，硬是不提拔新的长老上来。如今黄蓉说要让鲁有脚做帮主，还能有人有资格提出一点异议吗？于是就出现了这样一个年轻者传位给年老者的独特现象。

鲁有脚在丐帮苦干了一辈子，临了终于做了一次帮主，不过他这个帮主似乎没有一点主见。从书上看来，还是黄蓉走到哪里，他就跟到哪里，虽然他和郭襄之间的情意让人颇为感动，但是说句冒昧的话，怎么都感觉鲁有脚跟黄蓉家的家臣似的，而并非和黄蓉平起平坐的前后两代帮主。

鲁老帮主功夫不济，被霍都害死了。黄蓉终于想起了丐帮的传统，召集丐帮弟子公开比武，竞选帮主之位。她自己也推出了一个候选人，就是她的女婿耶律齐——一个本无任何资格参选的人。耶律齐只是丐帮前帮主的女婿，并非丐帮中人，黄蓉对这个问题已经预先想到了，所以她提出这次选举是以武取胜，只看武功高低，不看门派出身，轻而易举就把这个问题给解决了。但是还有一个更重要的问题是，她的好女婿是蒙古人。想当初乔峰就因为契丹人的血统问题，被丐帮无情逐出，被整个中原武林唾弃。不过耶律齐因为娶了黄蓉的女儿，这个问题丐帮的弟兄们就心照不宣地回避了。

甚至在霍都当场提出这个疑问的时候，耶律齐说，他已经是一个和蒙古有仇的人了，这个问题就这样避重就轻地回答了。看来裙带关系在关键时刻还是一条铁的关系。

书中虽然一再强调耶律齐是一代青年才俊，但是很明显他武功也稀松平常，他穿软猬甲上台比武，本来就是作弊，但还是打不过霍都，如果不是杨过出场，这场比武竞选都不知道如何收场。当时在场的人都想让杨过当这个丐帮的帮主。本来杨过和洪七公、黄蓉都颇有渊源，还会打狗棒法，武功之高就不用说了，更兼聪明绝顶，这次又是他夺回打狗棒，击毙霍都，给老帮主报仇，如果由他来做丐帮的帮主，对丐帮只有好处没有坏处。但是杨过抢先说："耶律大爷文武双全，英明仁义，是我昔年的知交好友，由他出任贵帮帮主，定能继承洪、黄、鲁三位帮主的大业。"

黄蓉在一旁听着，什么话也没说，也许她听了杨过的话，心中也是窃喜。杨过此时对郭靖夫妇已经前嫌尽弃，而且他对郭靖义守襄阳的大义心中也很佩服，如果此时黄蓉、郭靖以丐帮帮助朝廷抗击蒙古为由要他这样一个英明神武的人来领导丐帮，杨过未必就那么难说话，掉头就走。可是黄蓉不开口，郭靖也不开口，就这样把丐帮交给了一个连降龙十八掌都学不全的所谓青年才俊。这件事情大违我们经常说的"做人嫡系没便宜"的职场晋升原则，原因就在于这个女老板黄蓉存了私心，什么避嫌不避嫌的，事到临头，也顾不得许多了。

黄蓉在接班人问题上的一系列作为，反映了女人在用人和权力交接问题上的通病。黄蓉再聪明能干，也脱不去女人的小心眼和管理上的局限，比如如何控制已经掌握在手中的权力？黄蓉和很多女人一样，对自己的能力其实没有足够的信心，所以她按照一个自以为安全的标准来挑选人才，就是忠心。鲁有脚的忠心，黄蓉能看在眼里，所以她很放心地演了一场假让位的把戏。鲁有脚一死，黄蓉信不过其他外人，所以又演了一场假竞选的把戏，实质还是任人唯亲。杨过技惊四座又怎样？在比武之前说的武功最高者做帮主的标准，或者夺回打狗棒，替老帮主报仇的标准，杨过全部符合又怎样？他不是黄蓉的亲信，绝不会对黄蓉忠心，这样的人就不能用。

其实，执笔到此，每每深感，权倾武林的黄蓉，特别像一个历史上曾经存在过的真实女CEO——孝钦慈禧太后叶赫那拉氏。

慈禧掌握朝政四十年，在她的任期内也算得上名臣倍出，曾国藩、李鸿章、张之洞和荣禄这些人，虽然历史上评价功过不一，但无可否认他们统统是具有良好行政和运营能力的干员。能把这些厉害人物团结在自己周围并各有各的发挥，慈禧肯定不是电影里渲染的那个只懂骄奢的老妖妇。不过，在已经开始国际化的年代里，慈禧有一个致命弱点，就是她的外交办得不高明，喊打喊杀之后就认输服软，明显没有外交头脑。此外，慈禧的最大失误，恐怕和黄蓉一样，在继承人问题上栽了好大的跟头。

慈禧个人的命运左右着晚清王朝的盛衰。在人治的帝王统治时代里，政治对统治者个人的要求是非常高的，有意也好，被命运的轮子推上风口浪尖也罢，慈禧踏上了政治的道路，就不得不一辈子在追求权力、维持权力和扩展权力中挣扎。这一点倒是和黄蓉有着共同的命运阴影。

清朝的皇太后有一个重要功能是为皇家培养接班人，慈禧做的很多事情是好是坏，历史学家似乎都能有截然不同的看法，但是在继承人的问题上，慈禧一败涂地。相反，同样是一度对朝政有巨大影响的孝庄皇太后，就远比慈禧做得出色。不用历史学家提醒，铺天盖地的小说、影视作品都在重复着同样一个真理：作为一个统治者，顺治和康熙比光绪和宣统更有作为。慈禧恋栈权位之外，更不识教养，对培养下一代的工作始终私心太重，只关心家天下。她选择皇家接班人的标准，只是考虑人选是否能够利于自己继续掌握大权，接班人只要听话就行，水平高低全不在意。孝庄对顺治的教育谈不上太成功，不过也不算失败，对康熙的教育就实在让人感佩，并且她身为太皇太后对政局做出的一切干预，目的只为巩固孙子的统治地位，而非让自己手抓大权。相比之下，聪明一时的黄蓉和政治手段老辣的慈禧在这一点上，就要甘拜下风了。

继承人的问题，江湖帮派有，封建王朝的统治者要面对，现代企业集团有限公司的千百年基业，同样逃不过这个门槛。在上海成长很快、规模百亿的民营企业复星集团的创办人郭广昌，在总结用人方面最大的体会时，说过这样的话，“一定要学会使用比自己强的人。要学会用你的老师——每个比我强的人都是老师；要学会用在某个领域比自己强的人——这些人往往就是专家。”他还特别老实地承认，“企业家经营的过程，其实就是一个不断找老师的过程；复星能够快速发展到今天，也就是老师找得多，找得准。”

郭广昌明白，能不能找到最好的人、有没有眼光找到最好的人，关系到企业的成败。最大的投资失误，不在于一个项目的得失，而在于找错了人。

美国《总经理》（*Chief Executives*）杂志曾经推出了“全美领导人培养最佳公司20强”（Top 20 Companies for Leaders），IBM和强生公司并列第一名。该刊指出，不管公司的战略如何，首席执行官们都认识到，培养高层领导人对公司的竞争能力而言至关重要。

虽然黄蓉和慈禧都看不到这本杂志，但是我们不妨来认真琢磨一下其中的道理。

和德国国家足球队教练换得特别少类似，强生公司的一大特点是铁打的高层。这家拥有600多亿美元销售收入和200多家分公司的公司发展到今天，竟然只换过7个董事长，而且他们全部都是从公司内部提拔起来的。54岁的韦尔登在2002年4月被任命为公司董事长兼首席执行官。身为男性董事长，他就不像黄蓉、慈禧那样，在接班人问题上纠缠不清，不到万不得已不正视，正视之下也选择性地窄视，考虑自身利益多过集团利益。

韦尔登就不同了，他甚至非常享受这种遴选接班人的感觉，还时时把挑选接班人视为他对公司作出的最主要贡献。所以，他这个“皇太后”，就是“孝庄型”而非“慈禧型”的了。他回忆说，“我儿子曾经问我，哪一个问题是让我最为头疼以至于夜里无法入睡的？我的回答是，那就是公司未来的领导人问题。在我离开之后，谁将接替我的位置？在你坐上CEO位置的第一天，你就应该开始考虑这个问题了。”

2011年年底退下去的IBM前CEO萨缪尔·帕米萨诺，虽然不如他的前辈——据说舞姿如同大象的郭士纳那么名声显赫，但是他确信，领导能力的培养如果不能与公司的发展战略相结合，就会毫无意义。他说，“我们没法把我们的战略和领导能力分开。” 帕米萨诺重点关注的是一个300人的高级管理团队。他说，IBM这个蓝色巨人能够演进成为一个为客户提供更多无缝隙解决方案的公司，靠的不是它的技术或者资金，而是它的人才。

江湖人称“中子弹”，手段狠辣相当于“铁锁横江”戚长发的韦尔奇，在通用做了二十年，最后几年在选择继承人的问题上熬白了头，其中的心法写出来也是洋洋洒洒一部《躺尸剑法》，很值得学习。

通用电气盛产伟大的总裁，前有“中子弹”韦尔奇，现有总裁伊梅尔特，其实他们两位不过是通用电气人才“流水线”上诞生的杰作中的沧海一粟。据统计说，世界500强中，有100多家公司的CEO曾在通用电气任职，而通用电气这种培育高级管理人才的良性机制，也让它获得了“美国企业界的哈佛”的美誉。

这个继承人培养基地的秘笈，根据总结，其实很简单，因为他们给自己设立了一个专门从事培养下一代这个事业的“皇太后”。通用电气不仅有首席执行官、首席运营官、首席财务官，还有一个其他公司都没有的首席教育官，专门培养今后有可能为公司发展壮大指明方向的杰出人才。

这些杰出人才，在封建王朝因了血缘的关系，总是由皇子皇孙承担。据说做皇子皇孙也蛮辛苦的，不像大家想象的那样生活香艳，而是每天天不亮，觉还没有睡够就被太监拉起床去书房听师傅们讲课。因为是为国家培养下一代接班人，所以他们所学比一般学龄儿童，更艰深庞杂百倍。通用电气的首席教育官科卡伦也说，培养企业家的制度比培养企业家精神更为重要。许多职业经理人的成功就是源于非常好的公司制度。在很多情况下，一个企业家即使有很好的想法、优异的技术，但缺少职业经理人必需的专业知识，如财务管理、人力资源管理等，也很难把这些想法和技术进行规模化扩张，开拓自己的市场。

通用有一点经验可谓黄金经验，就是传授领导能力最好的方式是由企业领导人自己言传身授，耳提面命，而并非要请大学教授来做西席。因为只有身经百战的企业领导人才能教授实际的经验和教训。当然这个道理，几百年前孝庄皇太后已经实践过，证明是相当可行的一条经验，值得推广。

至于黄蓉也好，慈禧也好，都是人精，都特别能够折腾出惊天动地的响动，但是在接班人问题上摔的跟头，使得她们之前多少丰功伟绩都变得黯淡无光。在今天的企业之中，你是CEO也好，是下面的员工也好，都得有关于继承人的一个考量，一个是要花大力气考虑继承人，一个是要争取做你上司的继承人。这样对人对己，都是好事。所以，回头看，那句“不想当元帅的士兵不是好士兵”，还是颇为符合刻下职场的现实环境。

干得好不如嫁得好

黄蓉如果只是丐帮的帮主、前帮主、前前帮主兼现任帮主的丈母娘，她仍然没有资格登上我们“武林福布斯排行榜”的榜首，并一个人占据本书四分之一的篇章。黄蓉一生能超越丐帮帮主的权力范围，把自己的影响力扩大到整个武林，甚至在冥冥中操控着百年之后的武林局势，这一点古往今来无人能比。前面说过，丐帮从来都不是黄蓉心头第一等的大事，黄蓉也没有用上百分百的心机来经营。比丐帮经营得更用心，更成功，使得黄蓉的事业更上层楼的那一门生意，说出来一点都不神秘，世界上千千万万个姐妹们同时也在很用心地做，那就是经营自己的老公。

俗话说干得好不如嫁得好，但是好多姐妹们泪眼婆娑地说，这个世界上好男人有两种，一种是同性恋，一种是别人老公。更有许多坚强的时代新女性看不起这种要嫁得好的论调，说男女平等，光嫁得好没用，到头来还是只能靠女人自己干得好。这一点说起来的确有些不公平，因为黄蓉的事业能够突破瓶颈的基础，在于她的老公是一代大侠郭靖，没有黄蓉，郭靖会怎么样不好说，但是没有郭靖的黄蓉一定不会拥有日后在武林界一言九鼎的地位。黄蓉之所以可以心安理得地享受、使用着她的靖哥哥，有一点很重要，郭靖是她一手塑造的。

什么时候是认识好男人的最佳时刻呢？许多女友神情忧伤地说："大概在幼儿园时期吧，到中学那些优秀男生身旁已经里里外外围了好几层，水泄不通了。"这话有道理，相识于微末之时，的确能得尽天时地利，现在仅有的一个问题是，谁能有那样的眼光，在一群流着鼻涕的小屁孩堆里，挑出那个人来？黄蓉可以。

金庸拼命说郭靖是个蠢人，反应迟钝，理解能力差，也就是靠了一点百折不挠的恒心和无比的毅力，最后练成一代高手。这是金庸使的障眼法，言过其实了。举个最简单的例子，郭靖跟着洪七公练降龙十八掌的时候，不到二十的年纪，授业师父江南六怪本身就是市井中略识些拳脚的人，只靠着仗义的名声行走江湖，所以他们虽然教得郭靖心眼不错，但武功就实在太差了，还要靠全真派马钰暗地里传了郭靖一些全真派修习内力的法门，才打了一些基础。但是就是这样一个人，跟洪七公练了几个月，硬是把降龙十八缺三掌练成了。后来他的好女婿，号称文武全才、心思机敏又稳健的新一代人才，做了丐帮帮主，还是学不全那降龙十八掌。

人比人，就可知郭靖其实内秀得紧。

除了降龙十八掌，郭靖的拿手功夫还有九阴真经，洪七公解释了一些给他，一灯大师讲解了一点，郭靖自己悟出了一点，在这个问题上，以聪明著称的黄蓉都帮不上忙，郭靖在武学的理论水平上，其实早就远超了黄蓉。后来九阴真经的功夫，郭靖并没有传给女儿郭芙，也没有传给那两个脓包徒弟，这一点大家都举双手赞成，这三个人成事不足败事有余，见了就气闷，活该生得蠢学不了上乘武功。但是奇怪的是，他的小女儿小东邪郭襄，竟然也没学到。郭芙是生得蠢，但是郭襄据说是个练武的奇才，百年难得一见，就连大仇人金轮法王见了，也把和郭襄父母的仇恨抛到脑后，当个宝贝似的千里追着哄着求她跟自己学武艺。这样一个人精，都学不到九阴真经，搞到后来还要拿在少室山下听一个神志不清的觉远和尚临死念的几句九阳真经当宝。郭襄那时候也有十六岁了，黄蓉开始学九阴真经的时候，也就是这个年纪，郭靖那时候都已经开始研究理论问题了，可见这两个人的聪明，两个女儿其实都没遗传到。

世人都谓郭靖蠢，只有黄蓉慧眼识英雄，一眼就看出这小伙子前途无量。但是郭靖能名满天下，全赖黄蓉一手操作成功。第二次华山论剑，黄蓉使诈，拿话套住师父和爹，非要按她定的规矩比武，而不是照第一次华山论剑时候的老规矩，无非还是想让郭靖夺得天下第一的名头。洪七公和黄药师都不太好意思和小辈来真的，三百招打不赢郭靖也就算了，反正都是自己人。不过那时候周伯通的武功已经比洪七公他们都强了，又冒出一个逆练九阴真经的欧阳锋，“天下第一”这四个字，其实怎么排都排不到郭靖头上。好在周伯通天真烂漫，欧阳锋已经疯疯癫癫，就算他武功天下第一，也已经不能满世界告诉人知道了。郭靖此时，一战成名。

《神雕侠侣》里还有一出闹剧，也是黄蓉一手导演的。她说自己多年来不太管理帮务，所以要传位给鲁有脚。鲁有脚这个人我们已经分析过，就是黄蓉的一个傀儡。他接任帮主的当天，广发英雄帖，把武林人士都召集到黄蓉的地头归云庄来开一场大会。鲁帮主传的第一个号令是这样的，“敝帮洪老帮主传来号令，言道蒙古南侵日急，命敝帮帮众各出死力，抵御外侮。现下天下英雄会集于此，人人心怀忠义，咱们须得商量一个妙策，使得蒙古鞑子不敢再犯我大宋江山。”他说了这几句话后，群雄纷纷起立，你一言我一语，都是赞同之意。此日来赴英雄宴之人多数都是血性汉子，眼见国是日非，大祸迫在眉睫，早就深自忧心，有人提起此事，忠义豪杰自是如应斯响。

这条打击蒙古的妙计，当日大家没有想出来，日后更是没有人再提起，这不奇怪，因为当日英雄大会的主题思想根本不在妙计，而在推选武林盟主。当时的情况，放眼江湖，郭靖郭大侠一枝独秀，众望所归，这个武林盟主的位置，就是为他度身定做的。天下第一大帮派的帮主鲁有脚动议，天下英雄附议，全体列席人员鼓掌通过，郭大侠本不用出手比武，这个武林盟主的位置就该他坐。至于黄蓉，她避嫌，不好意思自己提出这样一个提议来推自己的丈夫上盟主宝座，而提前一小会儿让位给了鲁有脚，以掩人耳目。但是鲁有脚那番话，不是黄蓉教他说的，还有哪个？不做丐帮帮主黄蓉无所谓，反正她一样是丐帮的太上皇，而把丈夫推上武林盟主的宝座，她从此就可以母仪武林了。

可惜金轮法王带了两个徒弟来捣乱，破坏了黄蓉的如意算盘，最后竟然由杨过和小龙女打败了金轮法王。小龙女和杨过打完了金轮法王，正要走出大厅，黄蓉叫道："龙姑娘，你是天下武林盟主，群望所属，观瞻所系，此事还须三思。"小龙女回过头来，嫣然一笑，说道："我做不来甚么盟主不盟主，姊姊你若是喜欢，就请你当罢。"黄蓉道："不，你如真要推让，该当让给前辈英雄洪老帮主。"武林盟主是学武之人最尊荣的名位，小龙女却半点也不放在心上，随口笑道："随你的便罢，反正我是不懂的。"

小龙女这个人物，倪匡说她是神仙中人，还是个有点近乎白痴的神仙，男人们喜欢得紧。本来像我们这样势利庸俗的女凡人，与她没什么共同语言，也不怎么看得惯她冷若冰霜的作态，但是她这几句话，显得假惺惺的黄蓉果然只是个中下人物。黄蓉装模作样提洪七公，以显得自己没有私心。洪七公这样几十年不现于江湖，神龙见首不见尾的人物，如果当真做了武林盟主，那她的这个英雄大会，又白开了。

杨过和小龙女走了之后，不知道黄蓉好不好意思真的让郭靖做这个拣来的武林盟主，不过也无所谓了，反正没有这个名，有这个实质就行了。看后来郭靖号令江湖，谁敢不尊？更重要的是，郭靖的号令，只怕多出自东窗之下。

可见，经营好自己的老公，利用老公的能力使自己攀上更高峰，是一条绝对可行的道路。否则以黄蓉并不十分超然的武功，怎能在这个以拳脚论输赢的江湖令出如山呢？这个道理在历史上和现实中，已经被证明过许多次了。

有一条历史八卦，说康熙除了英名神武，在朝堂上所向披靡之外，在后宫更有一个好老婆。康熙爱学习，在宫里研究改良水稻的问题，皇后就迎合他，在后宫开荒种地，一起进行农业科学实践活动。甚至她还主动送女人给康熙，当然这样的行为属于历史局限行为，不值得仿效。

还有一个更厉害的人，她是个外国人，名字叫维多利亚·贝克汉姆。她自己颇为成功，曾经是红极一时的歌星，但是她选择了一条和黄蓉一样的道路。她经营老公这门生意，比经营她的歌唱事业，更为成功。

地球人都知道，贝克汉姆不是技术最好的球星。地球上也有不少人像本人一样觉得，他不是最英俊的球星，尤其是他在遇上维多利亚之前那三七分的金色头发，实在是够老土的。但是，现在即便是我，也不能不承认他人气最旺。前段时日，贝克汉姆造访同济大学，上千粉丝“占领”了同济大学的操场，只为一睹小贝真容，结果现场人多拥挤，场面混乱，导致了踩踏事件。可见，小贝在中国的人气之高。

不管喜欢他的人，还是厌恶他的人，都躲不过他的无处不在。原因在于他的老婆维多利亚。维多利亚不是最漂亮的歌星，也不是唱得最好的歌星，却堪称最会来事的最佳“星妈”。是她，把贝克汉姆从一个足球明星，打造成了一个名流，打造成了一个文化现象。你可以不听她的歌，你可以不追捧曼联，也不追捧皇马，更不追捧英格兰，甚至你可以看到足球就打瞌睡，但是你不可能不知道世界上有一对贝克汉姆夫妇。

成日里就看到维多利亚一面控诉媒体侵犯她的隐私，一面跟媒体大谈闺房秘事，一面信誓旦旦地说要给自己孩子一个安静的成长空间，一面又把布鲁克林（贝克汉姆和维多利亚的大儿子）的照片以百万美元的价格出售给杂志。她一会儿说贝克汉姆有同性恋倾向，一会儿说他像只野兽。他们一家子生活上的所有事情，包括上个厕所、洗个澡、睡个觉，甚至夫妻床头吵架床尾和，都是新闻。随之而来的，就是贝克汉姆这四个字的含金量也水涨船高。维多利亚的艺术生命之火早已经熄灭，但是她的曝光率远比一般明星高，这个经营之道最值得已经过气和即将过气的明星们学习。

世界就是这样不公平，在职场、商场的道路上，男人通常都比女人走得更远。但是，如果这个男人走过的每一块砖都是你一手打造的，如果你能一直骑在男人的脖子上，那么恭喜你，你已经比男人更成功了。因为不论这个男人能走多远，你永远比他高一个身位。

谁定规则谁话事

21世纪初，有一部很用心制作的电视连续剧《走向共和》很吸引政商界的注意，这个片子讲述的是晚清时候的政治风云，拍得相当细致，对历史的解释也有颇多与众不同之处。电视的最后几集，讲的是孙中山带领的革命党推翻了清政府，想建立一个共和政府，结果袁世凯在北京和孙中山较劲，费尽心思搞了很多小动作，就是不肯就范，想建一个依然专制的政府。袁世凯和孙中山政治角力的一个重点，就在于临时约法。孙中山在南京做临时大总统，袁世凯在北京已经宣布就任大总统，而孙中山依然没有解职，他说只要临时约法一制定，他立刻解职，绝不食言。袁世凯在北京如坐针毡，动不动就大喊大叫，说临时约法是个什么东西！

临时约法是个什么东西？袁世凯怎么会不知道，临时约法就是戴在他头上的一条金箍。孙中山作为临时约法的制定者，一旦袁世凯有什么异动，他念一念紧箍咒，袁世凯就一定头痛万分，大叫投降。就像孙悟空在完成取经大业之后，和如来佛提的第一个要求就是，把头上的金箍退下来，一棒打个粉碎，才能泄恨。袁世凯稳固了他大总统的地位后，也忙不迭地废除临时约法，才觉得身心舒坦。

为什么临时约法在这两个总统心目中有如此重要的地位呢？因为约法代表着一个规则，规则制约着人的行为，不可逾越，那也意味着要按规则制定者的心意行事，袁世凯一代枭雄，如何肯成为他人规则底下的行为者呢？

孙袁之争的这场政治巅峰对决，说得简单一点，就是谁定规则谁话事的问题。就好比第二次华山论剑，比的是谁武功天下第一，本没有黄蓉这个小姑娘什么事，但是她在洪七公打跑了欧阳锋，闹着要和黄药师立决高下的时候，说了一番话："爹爹先跟靖哥哥过招，瞧在第几招上打败了他，然后师父再与靖哥哥过招。若是爹爹用九十九招取胜，而师父用了一百招，那就是爹爹胜了。倘若师父只用九十八招，那就是师父胜了。"

洪七公比较老实，哈哈笑着答应了，没想到落入了黄蓉的圈套。黄蓉接着道："靖哥哥先和爹爹比，两人都是精力充沛，待与师父再比，两人都是打过了一场，岂不是公平得紧么？"黄药师点点头道："这法儿不错。靖儿，来罢，你用不用兵刃？"郭靖道："不用！"二人正要上前，黄蓉又道："且慢，还有一事须得言明。若是你们两位前辈在三百招之内都不能将靖哥哥打败，那便如何？"洪七公终于看出蹊跷，哈哈大笑道："黄老邪，我初时尚羡你生得个好女儿，这般尽心竭力地相助爹爹，咳，哪知女生外向，却是颠扑不破的至理。她一心要傻小子得那武功天下第一的称号啊！"黄药师生性怪僻，可是怜爱幼女之心却是极强，于是心中暗道："我成全了她这番心愿就是。"

第一次华山论剑，五大高手斗到精疲力竭，打了几天几夜才终于争出个第一来，肯定没有这三百招之说。黄蓉没名没分地闯出来，非让大家按照她的法子比武，偏帮她的靖哥哥。如果没有黄蓉的这个规则，郭靖十几岁二十不到的年纪，怎么说都不可能让洪七公和黄药师两大宗师都成了他的手下败将。

尝到了制定规则的快意，黄蓉很快就成为了个中高手。什么武林盟主的推选，丐帮帮主选举方式的制定，等等，都只不过是黄蓉牛刀小试而已。很快到了第三次华山论剑之期，这一大帮子人约好了，一起上华山去拜洪七公的墓，结果到了华山上，却看到一群欺名盗世之人也在那儿华山论剑，争天下第一的名头。不过比武的那几个人武功平庸得很，连武家兄弟、郭家姐妹都比不上，大家见了忍不住笑起来。

那些人见了这一群老老小小笑话他们，就上来呼喝，叫他们放严肃些。于是杨过哈哈一笑，纵声长啸，四下里山谷鸣响，霎时之间，便似长风动地，云气聚合。那一干人初时惨然变色，跟着身战手震，呛啷啷之声不绝，一柄柄兵刃都抛在地下。杨过喝道："都给我请罢！"那数十人呆了半晌，突然一声发喊，纷纷拼命地奔下山去，跌跌撞撞，连兵刃也不敢执拾，顷刻间走得干干净净，不见踪影。瑛姑、郭芙等都笑弯了腰，说不出话来。黄药师叹道："欺世盗名的妄人，所在多有，但想不到在这华山之巅，居然也见此辈。”

这几个人是有些可笑，但是斗胆说一句政治正确的话，杨过发威露功夫把人赶下山去，以及黄药师后面的慨叹，却让人颇有些心里不太自在。华山是公共场所，华山论剑不是注册商标，那几个另类在这儿呼喝比武，也不碍着别人什么事，这两人凭什么就觉得好像自己被得罪了似的呢？

就好比，据说中国某处农民现在生活好了，温饱满足之后有些闲钱搞一下上层建筑，于是大家拉起队伍，自导自演拍了一部武侠电视连续剧，附近几个村的村民全部有份出演。于是就有了一个著名导演，请了两个著名演员，拍了一部喜剧电影来讲这件事情。不少人也从电影的一些有意无意的地方，看出了嘲弄的意味，这是一种电影专业人士对非专业人士的专业尝试的高高在上的耻笑，也是中国人经常有的一点不宽容的心理表现，庸俗点翻译黄药师的话就是：“小样儿，敢在祖师爷面前班门弄斧？”

这种心理有时候实在克制不住，因为它是伴随着优越感而来的。就好像大公司永远瞧不起小公司，大公司的职员看不起小公司的老板，因为大公司职员手里经过的一张单，也许顶得上小公司老板一年的奋斗目标。也好像一家公司里的资深前辈总是看不起后辈，想着自己跟着老板“华山论剑”的时候，那小子还背着书包上学校呢。

金庸让杨过这个年轻人露功夫，让黄药师这个老人家发感慨，也是有他的道理，老顽童不会干这样的事，一灯更不会这样小心眼。黄药师后来自己说，一灯对名虚幻，老顽童从来不存一个名字，这话确实不假，不过他说自己对名淡薄，这个评价有待商榷。

扯远了，说回第三次华山论剑，他们将那群人赶下山去之后，周伯通忽道："昔年天下五绝，西毒、北丐与中神通已然逝世，今日当世高手，却有哪几个可称得五绝？"黄蓉笑道："一灯大师和我爹爹功力与日俱深，当年已居五绝，今日更无疑议。你义弟郭靖深得北丐真传，当可算得一个。过儿虽然年轻，但武功卓绝，小一辈英才中无人及得，何况他又是欧阳锋的义子。东和南是旧人，西和北两位，须当由你义弟和过儿承继了。"

黄蓉不仅定下了位次人选，更一手改定了名号，"靖哥哥不做叫化子，何况一灯大师现今也不做皇爷了。我说几位的称号得改一改。爹爹的'东邪'是老招牌老字号，那不用改。一灯大师的皇帝不做，去做了和尚，该称'南僧'。过儿呢，我赠他一个'狂'字，你们说贴切不贴切？"

黄蓉做了前后两次华山论剑的操盘手，也算不得什么，因为后来她干了一件更厉害的事情，那就是打造了屠龙刀和倚天剑，并把《武穆遗书》、《九阴真经》和降龙十八掌掌义藏在刀剑之中。她还传下了几句话："武林至尊，宝刀屠龙。号令天下，莫敢不从。倚天不出，谁与争锋？"我有点怀疑黄蓉是存心捣乱，或者跟整个武林开一个老大不小的玩笑。且不说一定要互相砍才能取出来的兵法真经，怎么可能又落到两个人手里，一个运兵，一个监督，分工合作呢？再说，她若真是有心传下这几件宝贝，又何必搞这么复杂？

若是一开始就传给自己的儿子、女儿，哪有必要这样遮遮掩掩？更使得百年之后的武林一片血雨腥风，多少贪心的、无辜的人断送了性命。“驱除鞑子”的大业还没有完成，不明就里的后人就先窝里斗了个够。因此每次看《倚天屠龙记》里有人因为这两件宝器送了性命，或者有人一脸神往崇拜地提起黄蓉黄女侠的时候，我都忍不住打一个冷战，这个女人实在是太厉害了，墓木已拱的她还拥有一只翻云覆雨的手。“武林至尊，宝刀屠龙。号令天下，莫敢不从。倚天不出，谁与争锋？”是黄蓉留给武林的遗产，也是一道圣旨，一部临时约法，一条游戏规则。

争夺话语权和规则制定权的最活生生的例子，莫过于2004年，强势房地产开发商任志强牵头做的一件特绝的事情。那就是，以其所率领的华远地产，集结全国工商联住宅产业商会、中城联盟、万通地产、北京城市开发集团和优博展览公司等六家单位共同出资组建了一个名叫“REICO”的工作室，并以此工作室的名义，编著了一本号称是“近20年来我国房地产业发展史上第一次”由行业中人自行发起的行业研究报告，也就是《2004年中国房地产市场年度报告》。

2004年秋天，时任国际投资银行大哥大摩根士丹利亚太区首席经济学家的谢国忠和建设部政策研究中心课题组相继发表了对房地产形势的看法，引起轰动之后，这份长达40万字的报告，可以看作是不甘寂寞的第一线操作的地产商们对于其他人“指指点点”的积极回应。在受够了别人的评头论足之后，地产商们终于觉得应该自己来参与游戏规则制定，发出“自己的声音”。

与其说任志强们在编撰一份史无前例的市场报告，我们更可以相信他们是希望建立一个全新的游戏规则，起到釜底抽薪的作用。一方面，市场主流数据以及政策发布权在政府相关部门的绝对掌控之中，一些经济研究机构和投资银行则在理论分析和国外经验总结上占有无可比拟的核心优势。另一方面，处于旋涡中心、真金白银掏钱出来搞开发的地产商却处处受制，在政策的宏观调控以及国外投行的舆论攻势下节节败退，迟早被妖魔化成不仁不义的奸商。为此，在极为被动的局面之下，重新建立一个由自己主导的游戏规则，就成了地产商们唯一也是最好的应对之策。

而从报告内容来看，这份报告还是有一番设计和考量的。例如，舍弃名义汇率，提出以购买力平价（PPP）进行与国外发达国家的比较，采用经济适用房房价而不是市场平均房价进行房价收入比核算，以此彻底否定国外投行判断的根本准则；对市场主流数据进行重新评判，用自己独有的抽样调查数据代替政府统计数据，借以影响政府相关部门作出决策时的基本依据，进而实现对现有游戏规则的彻底颠覆，并在新游戏规则中确立自己的统治地位。虽然这个报告没能技术性击倒质疑者，但是总算让地产商不再一边倒地被人人喊打。

至于每年的中国住交会，那就是房地产界默认的武林大会、华山论剑。虽然这个活动也接受不少商业赞助，而且发奖动辄五六百个，有点卖大包的意思，但是不能不说，这是主办者优博公司的瘦精老总单大伟的本事。他虽然不是开发商，也不是政府，手上没有地，公司本身注册资金也不多，但他就是成了不少市长和地产大亨的座上宾，很受欢迎，牢牢地做成了这个游戏规则的制定者和落实者。这和黄蓉的中神通有点异曲同工之妙。不过，咱们也不能光看到他吃肉。这个住交会，他已经办了14年，头几年到处求人办事，热脸贴上了无数冷屁股。还好后来，住交会发展越来越好，如今已经成为“地产界的奥斯卡”，年年都高朋满座。2012年的住交会，共接待了来自中国、美国、日本、俄罗斯、印度等20多个国家和地区的观众4万多人。所以说，做规则制定者，办武林大会，得有真眼光，有投入，这事不是看上去那么简单的。

第二章 最具权势的另类CEO康熙大帝

用韦小宝的话说，康熙是“鸟生鱼汤（尧舜禹汤）”，是中华上下五千年历史上最英明的君主之一。在《鹿鼎记》里，康熙上演了一场管理大戏，机巧如韦小宝，遇到了康熙，也如孙悟空遇到了如来佛，任他筋斗云能翻出十万八千里，也还是翻不出康熙智慧的五指山。

天将降大任于斯人也

孟子有云："天将降大任于斯人也，必先苦其心志，劳其筋骨，饿其体肤，空乏其身，行拂乱其所为，所以动心忍性，增益其所不能。"这是千古名句，更入选中学语文课本，但凡接受过九年制义务教育的人都会背，所以这几句话也成了人在逆境中最常用的自我安慰之语。事事不顺，怀才不遇，投资失败，那都是老天在给机会"增益其所不能"，好日子还在后头呢。

也许，不顺利、不如意的境地并不仅仅是老天想降大任给你，而是你的老板想要委以你重任而刻意为之。韦小宝一个扬州妓院溜出来的小流氓，混到皇宫里跟康熙摔了几天跤，得以与皇帝"小玄子"、"小桂子"相称，但是他虽然天赋胆大狡猾，骗死人不偿命，实际拿得出手的功夫实在没几样。就算是他后来靠以行走江湖的天下无双的骗术，当时也还没有练成，早早就被海大富识破了他的冒牌身份，又是骗他喝毒药，又是中化骨绵掌，几乎断送了小命。

韦小宝后来之所以有那么多历练的机会，全因为他小时候经常跟康熙摔跤，但是老是摔不赢皇帝。小皇帝还是少年心性，心里想这个小桂子人才不如自己，武功不如自己，头脑更是不如自己，派他出去办事，就好像派了自己的替身出去一般。小桂子都能把事情办好，那小皇帝自己出马，就更是手到擒来，药到病除了。

这是金庸的说法而已，实际上，康熙这样一个“鸟生鱼汤”，前无古人后无来者的千古贤君，就算是少年时候有这样胡闹的想法，到了几十岁，肯定不会这样不负责任，把一个流氓无产者派去尼布楚谈判，派去台湾赈灾。

历史上康熙训练的少年摔跤手，在擒拿鳌拜这场重头戏中立下汗马功劳的人，在《鹿鼎记》中也有出现，叫隆科多。隆科多可没有韦小宝这么好运气，他出了大力气，立下大功劳，却没有像韦小宝一样扶摇直上，仕途亨通。他一直被人排斥打击，而且康熙把这个少年朋友竟好像完全忘到了脑后，对他所受的欺负完全不理不睬、不管不问。

康熙到了晚年才告诉隆科多说，自己做了一辈子皇帝，阅人无数，那么多的人才，隆科多才是最好的一个。这话说得真是甜，非常类似国际级别CEO的表达方式。康熙的意思是，正所谓“天将降大任于斯人也”，所以我刻意给你隆科多许多磨难，就是怕你少年得志心生骄傲，学坏了这个人才就不能留给子孙用了，现在你是个一等的大人才了，我可以放心地把你留给下一任皇帝了。

隆科多听了，怎么能不大为感动？他觉得这辈子吃的苦都是值得的。到最后，康熙死了，站出来宣读继位诏书这么重要的大事，都是隆科多担任。不过这事怎么说还是有点奇怪，因为擒鳌拜的时候，康熙才十几岁，隆科多同他一起，年纪相差也不会太大。康熙在位时间之长，旷古烁今，等到康熙晚年才重新重用隆科多，这个一等一的大人才一辈子最好的时光已经在残酷的社会里消磨掉了。留给子孙后辈一个跟自己一样的老汉，估计康熙也是迫不得已，手上没有其他更好的选择了。

所以看上去，还是康熙对韦小宝的态度比较正确，年轻能办事的时候就用人不疑，拼了命让他去做一些不得了的大事。福将也好，流氓也好，反正韦小宝的成长史有目共睹。如果康熙像对付隆科多一样把韦小宝丢在一边让他自生自灭，韦小宝不仅娶不到这么多老婆，更学不到那么多本事。逃命的本事也好，骗人的本事也好，能办成事的本事就是好本事。

康熙对韦小宝是寄予厚望的，所以后来使尽了手段，也要把韦小宝留在身边办事。就算韦小宝带着老婆们诈死，逃去了江南开妓院，他也不屈不挠几次下江南要把韦小宝找出来。当然，他几次下江南，成本浩荡，害惨了江宁织造曹家，让人家银子使得跟淌水似的，逼得人家亏空无数，怎么都填不上这个大窟窿。最后曹家后代曹雪芹写出《红楼梦》来，追溯源头，这个“功劳”似乎还得算到韦小宝头上。

像康熙这样放手用人的，其实中国很多企业都是这么干的。例如，不久前，百度公司刚刚诞生了其有史以来最年轻的副总裁——张明远。张明远是2004年以实习生身份进入百度的，一进去就做了百度贴吧的产品经理。之后，他的发展一发不可收拾，先后担任了百度历史上第一个独立事业部——电子商务事业部的总经理、百度移动·云事业部高级总监、移动·云事业部总经理。他几乎跟黄蓉一样，拜入北丐门下没几天，就坐上火箭直升成了丐帮帮主。2013年7月，李明远晋升为百度副总裁，时年29岁。外界在艳羡李明远年轻得志之外，也对百度李彦宏大胆用新人的魄力赞不绝口。

说到重用年轻人，就不能不提马云。2013年5月，人称创业教父的马云卸任了。目前中国多数成功企业的一把手都到了退休的年纪，最长者65岁了还活跃在一线，与他们相比，已退休的48岁马云还算得上年轻。不过，马云说："对于互联网行业来说，48岁的我不再'年轻'。"在2013年年初马云给阿里巴巴员工的信中，马云说，互联网是年轻人的天下，他们更懂得未来，更有能力创造明天，阿里巴巴还有88年的路要走，如果没有健康、良好的年轻人接班制度，阿里巴巴很难走到那一天。据说，阿里巴巴的2万多名员工，年龄普遍在26~27岁间。

当然，事物都有两面性，不是说会用、敢用年轻人就一定好。神龙教组织庞大，根叶茂盛，能把一个大活人运进宫里去做假太后，假太后还养了一两个面首，生出一个假公主来，如此这般神通广大的帮会，最后却落了一个分崩离析的下场。这个结局的根本原因，却不是韦小宝带了虾兵蟹将去炮轰神龙岛。大观园的贾三小姐有句话说得好，大凡百年之家，要从外面来打，却是百足之虫，死而不僵，总要从自己心里开始烂起来，窝里斗了个够，才死得透。神龙教灭亡的根本原因，在于内讧，而它内讧的原因就在于用人问题。教主洪安通后来很是宠信夫人苏荃，好多事情都听从夫人的安排。夫人年轻，不喜欢老气横秋的老人，所以大力提拔年轻人。这本来是一件好事，但是夫人毕竟不太懂得管理学的精深道理，不懂得“平衡”两个字的重要性。她在提拔年轻人的过程中，没有安抚好老人，更没有安排好他们的去处，一味打压之下，老人们终于觉得反正没有了前途，不如造反。

用年轻人还是用老人的问题，很容易成为企业在用人制度上的迷局。总之是手心手背都是肉，讨好了这边就得罪了那边，处理得好的，顶多也就是康熙用韦小宝这样。韦小宝这个新人和以索额图为首的一伙老人称兄道弟，狼狈为奸，和气生财。但是就算是这样一个皆大欢喜的结局，总还有一些差强人意的不协调音。

康熙在使用韦小宝这个问题上，押了重注，却最终没有能够留住这个人才，没有给后代子孙留一个好臂膀，多少是康熙因为年轻的交情干扰了对人的判断。韦小宝这个人缺点多得很，容易看到的最大的两条毛病，一是贪财，一是好色，这是一般男人的通病，其实不打紧。但是还有一个最重要的特点，可以说是韦小宝的优点，也可以说是他的缺点，就是他对权力欲完全免疫。他为康熙做那么多事，出生入死，南下北上，足迹踏遍祖国山河，开始无非是跟康熙讲义气，之后又是跟天地会讲义气，跟兄弟们讲义气。但是他在做了皇帝的妹夫，封鹿鼎公之后，对无上的权力却没有丝毫沉醉其中的意思。圣明如康熙，也没有看到这一点，以为韦小宝是一个跟普通男人一样，对权力有欲望的人，下了苦心培养，才最终竹篮打水，空留遗憾。可惜啊，如果康熙对隆科多有这个心思，隆总经理就不需要年轻的时候那么郁郁不得志，到老朽了才坐上高级行政人员的位置。

当然，目前的世道、商场之中，完全没有权力欲的人，可能整个北京商务中心区（CBD）或者上海淮海路都没有一个，管理者大可不必担心遇到第二个不识抬举的韦小宝。所以康熙那种敢用新人、重用新人的另类御人术，还是可以借鉴的。

刻薄是刻薄者的通行证

既然是小说，必然是虚虚实实相杂。所以《鹿鼎记》版本里面的历史很有想象力，说康熙和韦小宝两个人天天比武摔跤，假太后和海公公在他们身上斗法，他们也就学了点似是而非的皮毛武功。偏偏康熙见韦小宝连力大如牛的巨人侍卫都能打倒，以为自己二人已经练成了绝世神功，于是训练了十二个会角力的小太监，贸贸然就跟鳌拜动了手。

其间当然是康熙连蒙带骗，小太监们抱腿抱脚，康熙学了许久的八卦游龙掌也有了一番实战的机会，只可惜收效甚微，终是不如假太监小桂子使出的一些下三滥的功夫，又是掷石灰又是搞偷袭，最后一记香炉压顶，把满洲第一巴图鲁鳌拜拿下了。

拿下鳌拜之后，康熙眼见大事已定，心下甚喜，见到鳌拜雄壮的身躯和满脸血污的狰狞神情，不由得暗自惊惧，又觉得适才之举实在太过鲁莽，只道自己和小桂子学了这许久武艺，两人合力，再加上十二名练过摔跤的小太监，定可收拾得了鳌拜，哪知道遇上真正的勇士，几名小孩子毫无用处，而自己和小桂子的武艺也并不怎么高明，若不是小桂子使计，此刻自己已被鳌拜杀了。这厮一不做，二不休，多半还会去加害太皇太后和皇太后。朝中大臣和宫中侍卫都是他的亲信，这厮倘若另立幼君，无人敢问他的罪。想到此处，康熙不由得打了个寒噤。

这么一想，韦小宝的功劳就更大了。康熙也跟韦小宝讲义气，当时心里就想："小桂子今天的功劳大得无以复加，可说是救了我的性命。可惜他是个太监，不论我怎样提拔，也总是个太监。祖宗定下严规，不许太监干政，看来只有多赏他些银子了。"他想到做到，带着韦小宝到太后那里去一番美言，一个无品的小太监立刻就升到六品，做了一首领太监，一日跨过了别人要苦熬十三年的时光。

实际上，根据《清史稿》的记载，这场政治风暴发生在康熙八年（1669年），康熙十六岁那年的戊申月，"诏逮辅臣鳌拜交廷鞫。上久悉鳌拜专横乱政，特虑其多力难制，乃选侍卫、拜唐阿年少有力者为扑击之戏。是日，鳌拜入见，即令侍卫等掊而絷之。”皇帝的近侍卫，都是上三旗中精选出来的少年弟子，虽然不见得比鳌拜神勇，但必定好过《鹿鼎记》中十二个被康熙以杀头威胁的小太监，而且显然死伤也没有那么惨重。因为其中的一个，就是我们前面说过的隆科多，活得比康熙还久，也没被人杀人灭口。

隆科多是满洲镶黄旗人，其父为一等公佟国维，其妹为康熙的孝懿仁皇后。他的姑姑是康熙的生母孝康章皇后，在《鹿鼎记》里早早被假太后害死了。隆科多这样的出身和功劳，康熙竟然一点旧情不念，任由他潦倒了一辈子，完全不像对韦小宝这个小太监一样的恩宠有加，平步青云。

康熙也许真的是顾忌隆科多小小年纪便参与如此宫闱秘事，又身为皇亲国戚，如果真的再夸赞几句，重用几回，佟国维、佟国纲两兄弟已经不得了了，加上一个少年得志的隆科多，佟家外戚做大，那小玄子就“乖乖隆得冬，大大的不妙了”。所以康熙有意让他坐了几十年的冷板凳，直到自己命不长久，这桩大功劳也随着一朝天子一朝功劳可以揭将过去的时候，才款款将隆科多叫到御前，语重心长地说，自己这么做都是为了隆科多好。

在上下五千年的历史中，康熙的帝王之术，要称第二，大概没有人敢称第一。所以他老人家轻轻一句“我是有心磨炼你”，就把他有功不赏，任由表兄弟几十年大好光阴在宦海外沉沉浮浮的驴肝肺，全变成了一片好心。至于隆科多听完了，感激涕泪，觉得这辈子的苦没有白吃，那也许不过是给康熙一个面子，不得不如此而为。

这么一说，君臣二人临老交心的动人场面，就成了一场政治场上的辜负与欺骗。如果谣传是真的，隆科多手里扣住了康熙要传位给十四子的诏书，大笔一挥改成他自己力挺的第四子雍正，也算是报了他被康熙辜负几十年的仇，不可以怪他不忠不义。隆科多在先帝亲政上立了一场大功，竟然还能在新帝继位这个问题上给自己创造一个相差无多的大功劳，这等政治能力，难怪让康熙不得不防。

所以金庸是对的，韦小宝要上位，一定要有如此这般的大功劳不可。如此这般的大功劳之后能让他顺利上位，而不会招致皇帝的不安，也需得如韦小宝这样的无产者才行。老板总是如此自私的，有功不能行赏，有时候他也不能不如此做。康熙对隆科多，究竟是有心磨炼，还是有意刻薄，如果是从利益的角度看，必取后者。

至于康熙对韦小宝是那般的仁至义尽，也不过是看死了就算把这个小流氓抬到天上去，他也不过是在自己手掌心里打筋斗云的孙猴子，无根无底的他永远只能是自己手里的一枚棋子。所以有时候不要在人前忙不迭地亮出自己的好身家、好背景，这些东西看起来是炫耀的资本，某些时候却是前进的绊脚石。在这上头摔跟头，实在有点冤。

康熙大帝的御己之术

在《鹿鼎记》一书中，除了上蹿下跳、上天入地的流氓无产者韦小宝之外，英明神武、“千秋万载鸟生鱼汤”的小皇帝康熙也是当仁不让的男主角。所以有时候电视剧改编《鹿鼎记》，索性就把剧集的名字改成《小宝与康熙》，以表明本片说的是两大男主人公的不凡事迹。而且电视、小说里对身为主角的人总是有偏爱，一般不太会很尊重历史事实地把康熙写成一个身材矮小、满脸麻子的皇帝，所以康熙英俊睿智的形象倾倒了一批女性武侠小说爱好者。

在《鹿鼎记》里，康熙所有的行为都和韦小宝形成了强烈的对比。韦小宝是不学无术，满嘴胡说八道，大字也不识几个。而康熙从出场的时候开始，就跟太后、侍卫们学了几手功夫，心痒难忍找个小太监来过招，看自己的功夫学得到不到家。之后书里提到康熙学汉文，学算数，跟汤若望学了很多西洋知识，还懂得怎么制造大炮，按照今天的标准来说，他相当于是请了麦肯锡这种级别的外国咨询公司。作为一个学习型CEO，康熙还是很典型的。

韦小宝在扬州遇到了西藏的桑结大喇嘛和葛尔丹王子，

因缘际会和他们结拜成了兄弟，说服他们在吴三桂造反的时候，不帮吴三桂而决意为康熙出力。回到京城，韦小宝跟康熙一说，可把正在为和吴三桂打仗发愁的康熙乐坏了，说："你倒真神通广大。他们帮我打吴三桂，你答应了给他们什么好处？"韦小宝说，那两个坏家伙假心假意号称和他拜把子，其实一心一意是在向皇上讨赏。桑结想当活佛，达赖活佛、班禅活佛之外，想请康熙开恩，再赏他一个桑结活佛做做。那葛尔丹王子，却是想做什么"准噶尔汗"。康熙哈哈大笑，没口子地答应道："这两件事都不难，又不花费朝廷什么，到时候写一道敕文，盖上个御宝，派你做钦差大臣去宣读就是了。你去跟你大哥、二哥说，只要当真出力，他们心里想的事我答应就是。可不许两面三刀，嘴里说的是一套，做的又是一套，见风使舵，瞧哪一边打仗占了上风，就帮哪一边。"

韦小宝倒也是个明白人，知道和他结义的也不是什么好东西，所以提醒道："皇上说的是。我这两个把兄，人品不怎么高明。皇上也不能全信了，总还得防着一些。皇上说过，咱们头几年要打败仗，那要防他二人非但不帮庄，反而打霉庄，尽在天门落注。"

他也存了心思，先得把话说在前头，免得以后出事了，自己担的干系太大。康熙点头道："这话说得是。但咱们也不怕，只要他们敢打，天门、左青龙、右白虎，通吃！"

康熙这话一说，韦小宝哈哈大笑，心中好生佩服，原来皇上于赌牌九一道倒也在行。至于康熙究竟是不是真的在上通天文下知地理之外，更懂赌牌九，我们不得而知，但是历史上的康熙却的确是一个出了名爱学习的好皇帝。

康熙的老爸顺治做皇帝的时间不太长，在关外登基，过了山海关，坐了关内的花花世界的皇帝不过几年，就随他的爱妃去了。史书、电视上都说顺治也很仰慕汉族文化，但很难说在这么短的时间内他就成了汉学家。而康熙现在却已经几乎一举成了中华文化的一个代表，他的儿子雍正和孙子乾隆更是清朝皇帝中三代书法家，确实难能可贵。康熙好读书是有名的，他自小就好请教有学问的人，历史上也提及他因过份努力读书而将身体搞垮了。除了读书之外，康熙还喜欢实践。

这一点金庸也提到过，康熙小时候天天跟韦小宝摔跤，就是为了实践他的武术。后来他时不时把韦小宝派出去办事，心里隐约觉得，好像韦小宝是自己的替身，韦小宝做得到的事，仿佛就是他自己在做一般，这也算是一种意义上的实践吧。

据说，康熙为了改良水稻，和皇后一起在后宫开荒种地，这个大概也是年轻时候的荒唐事。后来康熙就亲自到黄河边考察治水的工作。至于打仗，他也来了个御驾亲征。御驾亲征其实是一件难度比较高的事情。历史上很多皇帝跃跃欲试，也想带兵打仗，沙场杀贼，但毕竟隔行如隔山。虽说皇帝在前线，能鼓舞军队士气，但同时也由于外行领导内行，将军们不好驳皇帝的面子，任由皇帝随心所欲，所以很容易打败仗。康熙御驾亲征成功了，可见他在军事方面也还有可取之处，不是完全两眼摸黑瞎指挥。

以前流行“充电”两个字，很多人做事做到一定程度，就说自己要充电，重新充实自己。现在大家好像不怎么喜欢这么说了，不过也无非是改了一个说法，叫进修。现在企业招聘，除了摆出条件，说本公司如何如何有前途，如何如何有企业文化，从来不打骂员工，员工在这里每个月可以赚到多少钱，每年还可以有带薪假期，可以有年底花红之外，通常还会加上一条，本公司很注重员工的个人发展，所以会给每个员工度身定做一个培训计划。

小职员看到这个培训计划自然有些心动，心想我替你打工之余，你还出钱出力让我学知识，知识跟钱一样，拿到自己手里就是自己的了，至于我学成一身功夫，到时候究竟还是不是替你老东家效力，你就管不到我了。所以这个员工培训计划，在招聘的时候还经常能起到一些吸引的效果，如果再在前面加上“海外”这个噱头，那就更是应者云集了。所以，像《手机》里面的葛优那样，不好好参加台词短训班，还和女教授搞暧昧的学员，在现在的职场上，是属于很不职业的行为，不能学习。

不过，很多老板在写下员工培训计划这几个字的时候，通常都忘了给自己也制订一个培训计划。很多企业家只会感叹，凭着原始的力量和机会，白手起家不负众望发达了，可是发达了之后却有些茫然无措。做生意要越做越大，要突破，可是从十万做到百万似乎不难，从百万做到千万呢？从千万做到上亿呢？从乡镇企业做成上市公司呢？

这里加入一个特悲壮的故事。主角是一个从纽约大学回来的IT精英Y，农村出身的他当年省吃俭用考托福去留学，然后在美国多年寒窗，不知道洗了多少盘子，回到香港继续含辛茹苦搞了几年，最后搞了一个金融产品公司，生意还算不错，就想学人上市融资，扩大规模。

该精英于是按照流行杂志上面说的，开始约见投资银行的金融大玩家们。按照生意场上的习惯，见面难免要饮食应酬，该精英却有个多年艰苦生活养成的习惯，吃饭必约人在他的办公室楼下，据说是节约时间，还节约交通费用。而且他的饭局作风也比较另类，为了省钱，通常将几个不搭界的人请在一起，方便自己一次见几个人，谈几件事情。结果搞来搞去，一两个月，投资银行的人都怕了他，圈子之中把他的饭局传为笑柄。毕竟，每一种生意各有不同的玩法，投资银行替你公司融资，自然需要把你公司包装得光鲜利落，才好把你推销给有钱人。让人家心甘情愿拿钱出来，总得有舍得先花本钱重塑形象的意识。Y君这里就是犯了不与时俱进的错误，又想找人拿钱但是又没有把自己打造成为适合别人投资的对象的心思，那可怎么行？

后来，投资银行顾问们忍无可忍，提醒Y君，出来江湖上混得懂规矩，Y君才恍然大悟，但是依然心疼钱，虽然总算掏了一些预算来办理上市的事情，可公司的日常事务就更加节俭了。

例如，在投资银行一群如簧之舌的借钱顾问把Y先生的公司说得天花乱坠之后，总算找来了一个国际公司的战略合作伙伴，对方也算爽快，没让Y先生请桑拿、卡拉OK，就基本谈妥了合约。而在一切细节谈完，Y先生一边庆幸找到了一个大码头，能够为自己公司壮行色之外，他看到长达五十多页每年总额千万元的战略合作条款之后，终究是本性流露，提笔在后面写上了一条："乙方需支付甲方每月一千港币的复印传真费用。"

结果，合同中的对方从此再不提这个合作，而淳朴的Y先生则不断用他的IP电话卡去电，问合同为什么还不签。对方职员私下说，缺心眼的见得多，没见过这么缺的。

投资银行对该精英不甚满意是全行皆知的。精英无数次问投资银行自己公司上市的事情搞得怎么样了，投资银行的回答总是差不多了。这件事足足拖了一年，最后还是遥遥无期。

其实，精英Y这里面犯了大错误。在什么山上唱什么歌，人在江湖，就得按照江湖的游戏规则做，他不仅不积极学，还掩耳盗铃，总希望用自己那一套省吃俭用的方式包打天下，这肯定不是成功法子。对他来说，如果真想上市拿大家的钱给自己做生意，就得积极学习，吃透其中利害得失的关键之处。再有，如果实在心理上比较吝啬，不是很能接受每天花钱的事情，那也可以按照商业社会的办法，让财务总监来处理这些事情，或者是找一个项目经理来操作。CEO千万不能亲自出马去争个万八千的，这给公司形象带来的负面伤害，远比这点小便宜大得多。

说到学习型CEO，不能不提的是最被神化的韦尔奇，这位非常强硬的老兄，一样会说让通用电气（GE）公司的职员们听了如痴如醉的妙语。例如，他说："很多年前，丰田公司教我们学会了资产管理；摩托罗拉和联信推动了我们学习六个西格玛；思科和泰乐琪（Trilogy）帮助我们学会了数字化。这样，世界上的商业精华和管理才智就都在我们手中，而且，面对未来，我们也要这样不断追寻世界上最新、最好的东西，为我所用。"

如果仅仅像很多"我们中国自己的企业家"那样，说说听上去很绚丽的话，韦尔奇不会有那么高的江湖地位。实际上，他在中国能够收到百万美元出场费，是因为他有业绩作为支持。1981年，也就是韦尔奇成为GE的CEO的头一年，该公司收入大约为268亿美元，而2000年则将近1300亿美元。当年，韦尔奇接管通用电气时，公司市值大约为140亿美元，而今天市值已高达6000亿美元，通用电气已成为当今世界最有价值的公司。真是不服气都不行。

韦尔奇就任GE的CEO之后，在几乎所有的部门削减成本，却唯独对培训中心——克罗顿投资4500万美元，改善原有的教学设备。韦尔奇的目标是把GE建设成为非正式的学习组织。

在这样的组织下，每一个经理人无时无刻不在自觉地精心雕刻自己，从专业知识到职业技能，从管理手段到说话方式，从画好一张表格到接好一个电话、写好一个E-mail，再到日常生活的一点一滴，目的是随时能够接受更高的挑战。

当然，这一切，首先得要韦尔奇自己真的不断学习，不断研修，不断培训才行。中国企业家之中，也有这样的例子，那就是被称作“最值得长期投资的企业家”和“最杰出的企业家”的张忠谋。

张忠谋生于1932年，原籍上海，曾就读于美国哈佛大学，先后在麻省理工大学和斯坦福大学获得学位。1958年，张忠谋进入美国德州仪器公司。在此期间，他把当时很不稳定的半导体设计进行改良，提高了效率。受到这家当时世界最大半导体公司的高度重视，张忠谋由生产线的工程主管节节提升，最后升任了副总裁。1985年，张忠谋辞去美国的高薪职位返回台湾，两年后创建了台积电公司，这家公司成为全世界第一家专业为其他厂商供货的半导体制造商。

如今，台积电营业收入已达145.33亿美元，晶圆代工市场占有率达48.8%，为全球第一。

早在台积电一年赚两百亿元新台币的时候，有人问张忠谋：“台积的获利有40%，一定会吸引竞争者投入，你如何应付？”张忠谋回答：“市场是大家的，你不能限制别人不能做，你要反过来自己要求自己。”张忠谋经常率领员工们，把世界最好的企业当作目标，不断地向这些标杆企业学习，不断提升自己的水准。

而且，据悉，这位七十多岁的老者，在繁忙的工作之余最喜欢做的事情就是在家中写自传，还不断把写好的部分与媒体行家老友分享，让大家不断提出意见来改善。这种做事认真、坚决学到老的气魄，真是值得众多打工族体味。大家真得问问自己，现在的水平能够支持你去往更高的位置吗?

一把匕首、两包蒙汗药走江湖

金庸的小说写得到底好不好，金庸对历史究竟是不是真的那么有研究，国内学术界的人也是众说纷纭，不肯轻易写一个“服”字。但是金庸对武术的想象力，却堪称惊天地泣鬼神。他的十四部小说中，究竟有多少门派，每个门派有多少不同的武功招数，数也数不清。但他偏偏有本事让他们全都各成体系，各有出处，说的有板有眼，不像古龙那样，动不动就来一句“这一刀已经到了人类的极限”、“从一个不可思议的角度”，究竟从何处而来往何处而去，就看读者自己的造化，能想象到是你幸运，想象不出来，那也没人能帮到你。

金庸还是一个厚道人，不忍心让读者们想得太辛苦，所以他经常在小说里把武功的来龙去脉解释得清清楚楚。这门功夫是从书法里化出来的，那套功夫的精要是庄子，这个是唐诗剑法，那个是模仿古代美女的神态姿势……说到这个地步，总不好意思承认自己一点中国文化不懂，依然两眼抹黑一脸茫然了吧。

不过金庸也有一个发展渐变的过程，或者说他是一个每次都力求超越自己的好作家，所以他的功夫也免不了越到后面越玄乎。写到《天龙八部》里逍遥派能返老还童的功夫，大理段氏激光一样的六脉神剑，已经是半个神仙一样了，但是一山还有一山高，一个少林寺的扫地老僧，能把人打死了来治病，这个就已经达到神仙的境界，不知道还有没有更高的呢？

金庸有一点需要表扬，在他把武功写到高处不胜寒的程度之后，他没有用“人类的极限”之类的词来挑战读者的想象力和耐心，他四两拨千斤，轻轻巧巧地用“大智若愚，大巧不工”几个字，化解了这个难题。在金庸的封山之作《鹿鼎记》里面，小说的主人公不再是一个武功盖世的大侠，而是一个嬉皮笑脸，连三脚猫的功夫都没有的韦小宝，但是他拿着一把匕首、两包蒙汗药行走江湖，无往而不利，辛归树这样顶尖的高手见了他全家死光光，九难这样的绝世高人想杀康熙被韦小宝破坏，最后竟然还收了韦小宝做徒弟，神龙教教主神功盖世，最后连老婆也输给了他。

这里金庸想讲的其实是一个简单的道理，那就是威力最大者以智为上。武功高的人遇到智慧高的人，常常束手束脚，有通天的本事也使不出来。周伯通的功夫在《射雕英雄传》里几乎是最高的，而且他傻乎乎天不怕地不怕，除了他师哥王重阳之外，谁也不服。黄药师打断了他的脚，关他在桃花岛十几年，也没见他说一句软话。但是周伯通怕的人有两个：一个是瑛姑，这叫英雄难过美人关，而且他年轻的时候着实有负于瑛姑，欠她太多搞到老了也没脸再见她。第二个怕的人，周伯通自己说，是小黄蓉。在第三次华山论剑的时候，黄药师和女儿串通好，挤兑周伯通，要使他心痒，黄药师就提议说，这个中神通应该由黄蓉来继承，“她武功虽非极强，但足智多谋，机变百出，自来智胜于力，列她为五绝之一，那也甚当。”周伯通听了鼓掌笑道：“妙极，妙极！你甚么黄老邪、郭大侠，老实说我都不心服，只有黄蓉这女娃娃精灵古怪，老顽童见了她就缚手缚脚，动弹不得。将她列为五绝之一，真是再好也没有了。”

周伯通是个天真烂漫的人，他说他见了黄蓉就动弹不得，那就是真的动弹不得，因为黄蓉的鬼心思实在太多了。还有一个赵敏，她的武功还不如黄蓉，但是她却能将天下英雄都玩弄于股掌之上，她跟张无忌作对的时候，张无忌的武功高出她何止百倍，可是一见赵美人，浑身的功夫愣是施展不出来，处处落入赵敏的圈套，反倒成了他事事求着赵敏。好在后来金庸让赵敏爱上了张无忌这个没脑子的家伙，“弃暗投明”投入张无忌的怀抱，完成了明朝立国大业，否则这个历史说不定还要被篡改呢。

风清扬曾经同令狐冲说过这样的肺腑之言，“世上最厉害的招数，不在武功之中，而是阴谋诡计、机关陷阱。倘若落入了别人巧妙安排的陷阱，凭你多高明的武功招数，那也全然用不着了。”风清扬武功盖世，可是他年轻的时候被人设计，千里迢迢回乡去结一个莫须有的婚，最后铸成大错，一个人在华山之巅度过了一生的岁月。如果没有机缘巧合，令狐冲送了上门，他那一身的功夫，除了浪费，还能拿来做什么呢？

所以，江湖虽然是一个刀剑无眼的残酷社会，却还是两强相遇勇者胜，两勇相遇智者胜，两智相遇，比如韦小宝和康熙，那就只有大智者胜了。韦小宝遇到了康熙，就好像周伯通遇到了黄蓉，孙悟空遇到了如来佛，任他如何机巧，任他筋斗云能翻出十万八千里，还是翻不出去那智慧的五指山。

换个今人的例子，就看得出两个能人之间，也难免有分出高下的时候。2012年，TCL集团位列三星、LG、SONY之后，成为全球第四大电视制造商，同时TCL通讯手机销量位列全球第七。其实，这还不是TCL通讯的最好成绩，2002年的时候，TCL移动手机几乎为TCL赚到了全部集团利润的一半，当年年底，TCL通讯以连续三年营业额增幅高达263.3倍，位列德勤2002年首届亚太区高科技高成长500强企业排行首位，成为亚太地区成长最快的高科技企业。2003年年底，TCL手机以9.31%的市场综合占有率稳居国产手机第一，位列全球第八。

为什么那几年TCL的手机卖得那么好？李东生自己说，得益于有“手机狂人”之称的麾下大将——TCL通讯的万明坚。万明坚卖手机非常有一套，李东生赞叹，万大将能够在每次高级干部开会的时候，拿着一部手机跟其他部门的人讲得眉飞色舞，很投入。实际上，万明坚有很多推销招数，连在手机上镶上成色不好说的钻石都敢做，黄澄澄亮晶晶的手机当时一拿出来，所有的人都捂着鼻子说老土，但没想到这款手机还真是好卖，而且不是一般地好卖，是非常非常好卖。经此一役，没有人不承认万明坚是个剑走偏锋的奇才。

不过，万明坚的智慧，似乎也就局限在卖手机这一个项目上，所以，尽管业绩十分骄人，但他却没有管理智慧，更缺乏在大公司高层中生存和发展的智慧。据说。他在自己管辖的公司里面，讲求个人打拼，突出强人思维，和TCL发财立品之后标榜的国际化色彩有冲突。江湖上更一直盛传，万老板迟早要被李大老板拿下。这样的传言有了三年之后，随着手机没有那么好卖钱的时候，也就是在2004年年底，TCL宣布万明坚因病下野。李东生大老板又把以前闲置的老将调出来接替他的位置。可见，万明坚是能人，李东生也是能人，但是就算合作得再怎么好，到了一定时间，能人们也得分开，会在手机上镶钻石不等于会给自己打造永不打烂的金饭碗。

这个世界是公平的，康熙有大智慧，所以像韦小宝这样有小聪明的人就得乖乖替他卖命，韦小宝是个有脑子的人，所以他也能让天地会众多武功高强的高手为他风里来雾里去。这些高手大概对这个问题认识得很清楚，所以一直都心服口服，没有心生不满。偶尔韦小宝有出格的时候，康熙会轻轻点拨一句，你小子手里的金饭碗，可要捧稳当了，别砸了。一句话，就能把韦小宝吓得够呛。所以君臣无隙，各安天命，在这里谱写出了一首和谐的乐章。

不过这事换到我们自己头上可就不一定了，打心里对老板、上司心服口服，额头上能够刻着一个“忠”字的人，可没几个。

为人老板者，少有似康熙这样全能全知，把鬼精灵韦小宝都制得服服帖帖的。现实中的老板，其实外行领导内行的不在少数。于是就有人有话说了：“切，他凭什么领导我啊，有本事也写个程序来看看？”“都不知道他是怎么爬上这个位置的，都没什么本事……”“他什么都不会，一点才能没有，唱卡拉OK都找不着调啊……”

欲加之罪，何患无辞，何况是一个老板？可见有一段历史，每个人都应该经常温习，才能摆正自己和老板的关系。韩信能带百万兵，刘邦只能带几千兵，还动辄打败仗，输到老爹、老妈被项羽绑着要煮了吃，输到逃命的时候不仅丢盔弃甲，连儿子都要扔到车下去以减轻装备，丢人是丢人，但是刘邦就是能领导韩信。因为刘邦和韩信的智慧不在同一领域，更不在同一层次。能打仗不一定能立国，武功高不一定能称霸江湖，业务好也不见得能当老板，能当老板的人自然有他的智慧所在。

例如，萧峰多威猛一个汉子，要武功有武功，要人品有人品，还很有管理能力，但是，他天生有性格缺陷，就只能做个运营人员，不能够做到董事会主席这种级别（详见本书第八章）。

那么，如果两个聪明绝顶的大智慧之人针尖对麦芒的时候，高下之分，大概只能“得人心者得天下”了。所以大智慧的化身康熙经常强调的“本朝以孝治天下”，可能是智慧的最高境界，也足以作为所有老板和想做老板之人的座右铭。

投之以木瓜，必收获琼瑶？

康熙的尊号是清圣祖，这个“圣”字就算是皇帝一般也没有随便用的，但是康熙他当得起这个字。《清史稿·圣祖本纪》里说康熙“早承大业，勤政爱民。经文纬武，寰宇一统。虽曰守成，实同开创。”“圣学高深，崇儒重道。几暇格物，豁贯天人，尤为古今所未观。”

除了“圣君”，康熙还经常被人称作“仁君”，因为他仁慈、宽恕、孝顺。据说康熙小时候目睹父亲专宠董鄂妃，董鄂妃生下一个儿子，顺治就大喜道这是他的第一子，可见康熙小时候在顺治心目中着实没什么地位，更得不到什么父爱。有了这个前车之鉴和童年阴影，康熙长大之后发誓要把阳光照耀到紫禁城的每一个角落。他对每一个皇后都很深情，每一个皇后去世他都悲痛欲绝，他雨露均沾，所以他子女众多，死后留下了二十四子。康熙的仁慈孝顺，在孝庄太后去世的事情上表现得尤其突出。

孝庄一手将康熙扶上宝座，并看着他成长为一个年轻有为的皇帝，而皇帝对于这个祖母，也是异常的恭崇尊敬。孝庄去世之后，康熙悲痛欲绝，不惜违反满洲“本朝后丧，皇帝例不割辫”这个祖宗传下来的规矩，毅然剪掉了辫子。他也不肯在春节前将孝庄的灵柩搬到宫外，尽管据说这样做会有损皇帝的寿数。

虽然有后人批评康熙做作，但是世界上哪有如此才德兼备、道德完美的人？何况他是个一生在阴谋中打滚的君主。不过康熙的仁慈，却早已经形成共识，历史学家的研究，小说家言，都没有否认过这一点。

《鹿鼎记》全书就是一部大无间道，韦小宝黑白通吃，官道匪道神龙道，道道精通。他是大清圣祖皇帝康熙御前的第一大红人，是立志反清复明的叛军首领陈近南的小徒弟韦香主，又是民间地下武装力量神龙教的白龙使，还是大清国敌对国家俄罗斯公主的中国小情人，这么复杂的身份，比起无间道里官兵捉贼的小把戏来，可精深得多了。

而且《鹿鼎记》这部无间道有一个最无间道的地方，就是康熙其实一早就在天地会里安排下奸细，所以韦小宝在天地会里胡作非为，领导一干兄弟干反清复明的勾当，康熙一清二楚。不过两人翻脸对质的那场戏，颇有些出人意料。话说康熙知道了韦小宝的双重间谍身份，跟韦小宝谈笑间突然翻脸，冷笑道：“天父地母，反清复明！韦香主，你好大的胆子哪！”

韦小宝一下子天旋地转，知道康熙问出这句话来，就是翻牌跟他比大小，而韦小宝手里的牌，无论如何是比不过康熙的。韦小宝别的不行，于赌道却是算得极清楚，当下双腿一软，立即跪倒，口中叫道："小桂子投降，请小玄子饶命！"

韦小宝天不怕地不怕，对九五至尊的小皇帝还是有点怕的，自从他知道了康熙是皇帝之后，虽然答应了小皇帝二人私底下还是以"小玄子""小桂子"相称，也不过是说说而已，在这个生死悬于一线的时候，"小玄子"三个字看似脱口而出，其实是这个赌徒把身家性命押在这三个字上了。果然康熙听了，心里头登时涌起昔日和他比武玩耍的种种情事，心中顿时柔情无限，虽然假装得声色俱厉道："你……一直瞒得我好。"韦小宝磕头道："奴才虽然身在天地会，可是对皇上忠心耿耿，没做过半点对不起皇上的事。"康熙森然道："你若有分毫反意，焉能容得你活到今日？"韦小宝听他口气有些松动，忙又磕头说道："皇上鸟生鱼汤，赛过诸葛之亮。奴才尽忠为主，好似关云之长。"

虽然韦小宝在康熙面前满口答应说回头就去退会，天地会的香主说什么也不干了，以后决不反清复明，专门反明复清。但是康熙逼他去把天地会、沐王府等人一网打尽，他却死活不肯，偷偷带了他们逃出去，一直逃到神龙教胡作非为了一通，又带上七个老婆躲在通吃岛胡天胡地生儿育女。

康熙听说韦小宝逃去了海外，派了三艘船出海，沿路见到小岛，便让数百人齐声大喊："小桂子，你在哪里？小玄子挂念你哪！"真是温情脉脉极了。他让温有方颁的圣旨里说，他知道韦小宝不肯去杀陈近南，又拐带公主跑了，让自己做了便宜大舅子，但是他通通都既往不咎，只要韦小宝去灭了死了帮主的天地会就行了。韦小宝竟然仍是不遵，当着这么多来颁旨的太监、护卫公然不给皇帝面子，康熙仍是没什么脾气，不住地派人来给韦小宝加官进爵。

康熙给韦小宝颁的秘旨上，画了韦小宝替他立下的六大功劳，言下之意，他对韦小宝如此宽大为怀，也着实因为韦小宝是个人才，立下不小的功劳。而这六大功劳里的第一件是韦小宝年少之时陪他摔跤之功，大大地泄露了康熙其实最念念不忘的是这点情意，所以这个皇帝其实跟他爹一样，是个多情的种子，有一颗豆腐做的心。

康熙要对俄罗斯用兵，韦小宝懂俄语，于是就派他做了大元帅，统带水陆三军，出征罗刹。雅克萨城筑于鹿鼎山，康熙还封他为三等鹿鼎公、抚远大将军，武的由都统朋春、黑龙江将军萨布素、宁古塔将军巴海相助，文的由索额图相助。“咱们先出马步四万，水师五千，倘若不够，再要多少有多少。一应马匹军需，都已齐备。瑷珲、宁古塔所积军粮，可支大军三年之用。野战炮有三百五十门，攻城炮五十门。这可够了吗？”

手握兵权可不是闹着玩的，辽东又是大清龙兴之地，派天地会的头子带着兵马领着大炮去那个地方，不知道除了康熙还有哪个皇帝敢冒这个险。康熙轻轻巧巧地说，他用韦小宝，不单是因为小时候的情分在，更重要的是，韦小宝对他忠心。有时候这个解释难免牵强，韦小宝两面通吃，欺上瞒下，瞒着康熙做了那么多不能被人知晓的事情，虽然他对康熙算得上忠心，对大清国可就跟忠心绝对无缘了。康熙数次想发作，又总是草草教训几句就收场，继续由得他升官发财，跟康熙自己那颗豆腐做的心，实在有莫大的关系。

康熙和小宝这段危险关系的形成，无论如何，康熙得负大部分责任。所谓人在江湖，大家都不仅仅是为了私人做事。因此，不要说是义兄弟，即使是亲兄弟，有时候该红脸还得红脸，该白脸也得白脸，像康熙的孙子对待陈家洛那个做法，虽然有失厚道，但是对于大清集团来说，却是利益最大化的所在。

实际上，回头看，近几十年外国大企业里面，早就没有哥儿们义气一说，董事会里面都是利益的代表。而中国企业因为发展得晚，经常还有沙煲兄弟一同打天下的做法。不过，到最后，要让企业发扬光大，往往还是得分拆，兄弟们分了家产，各管一片天，才有可能分头发展，不然硬捆在一起，迟早有反目的一天。例如，上过中国首富排行榜的著名饲料大王刘永好，就是一家四兄弟，早在十年前就能做到“亲兄弟明算账”的深远战略。

1992年，四兄弟第一次“分家”。当时，希望集团的雏形已成，刘永言任董事局主席，刘永行任董事长，刘永好任总裁，刘永美任总经理，在具体经营业务和区域上兄弟四人有了一个简单的划分，刘永美放弃饲料去搞房地产，刘永言则重拾自己的老本行，致力于电子产品的研究和中央空调。至1995年，刘永好与刘永行再一次明晰了产权，以长江为界，刘永行主持“东方希望”，刘永好坐镇“南方希望”。

1997年，刘永好剥离南方希望集团中部分资产并追加投资，以1.6亿元注册资本成立了具有独立法人资格的“新希望集团”。最后，两兄弟各自都做得非常好。

要说一个不分家的例子，就是2004年倒下的德隆国际。这个例子也是四个兄弟开冲晒店创业，然后公司越做越大，最后专门玩金融。唐万里、唐万新更是风头强劲，一度放言要在几年内打入世界500强。不过，2004年公司资金链条断裂，两百多亿元规模的企业垮了，兄弟之中，还有人一度出走。虽然没有说兄弟反目，但是这种沾亲带故的企业管理组织，肯定是隐患很多，不像正经做生意的。

再举一个特别“狠”的例子，就是地产第一品牌万科的董事长王石，在20多年前创立企业的时候，就撂下狠话，公司绝对不用他个人的亲属，也不用他的同学或者与他同岁的人。之后，万科还出了一条不言自明的天条，就是夫妻不能同在一个系统。一旦同系统的两人对上眼成了亲，对不起，必须得有一个人放弃现在的职务。这些做法看上去不近人情，但却有实用价值，所以万科在这些事情上，避免了很多前人的错误。

所谓心慈不掌兵，做生意的道理也是一样，得有一个以效率为主导的制度，得尽可能地减少情绪化的感性成分，才能办好公事，生意才能一直红火下去。

康熙让韦小宝带兵去跟俄罗斯打仗，这步棋总算没有下错，但是他这种做事的习惯到老也改不了，终于搞出很多麻烦来。电视连续剧《雍正王朝》里说，康熙末年，国库空虚，钱都哪里去了呢？全让朝廷官员给借走了。康熙终于下决心整顿，派四皇子冷面王雍正去找大臣们讨钱。雍正一来要争取表现，二来也许他的作风就是不讲情面，总之逼得大臣们叫苦连天，寻死觅活。

几个老臣没有办法，只好去找老皇帝求情，说了几段年轻时候君臣一心的故事，老皇帝的眼泪就下来了，回头跟儿子说，这几个老臣的钱就不用讨了。老臣们当然涕泪横流，没口子地夸康熙是个天下无双的仁君，不过他儿子之前的一番苦心就算是白费了。而且谁也没想到的是，做仁君的结果是给下一任皇帝留下了一个烂摊子，生生把雍正整成一个改革家和历史上最勤奋的皇帝，这也算得上是父债子还了。

康熙还有一件仁心办坏事的样板。他是一个好父亲，对他的几个儿子，都很疼爱。康熙废了太子之后，迟迟不肯再立，搞得众位皇子阿哥，就算没有君临天下的野心，这么多年都被他挑逗出来了。康熙末年，诸皇子为争储，活动频繁，在朝廷中各自拉帮结派，搞得乌烟瘴气，康熙不但没有及时制止，反而一再姑息包容。一颗爱子的心搞出这么大一件政治祸事来，康熙到死不知道有没有后悔呢？

有一颗仁心是好事，但是如果这颗仁心，变成了致命的弱点，众人皆知你心软，专门往你最软处下刀子的时候，你就该好好想想了。不要让仁慈，变成仁慈者的墓志铭，这样对不起“仁慈”二字。

第三章　为名所累的迟暮CEO洪七公

洪七公是丐帮帮主，侠义心肠，武功超凡。但是他贪饮贪食，还常常“神龙见首不见尾”，对丐帮疏于管理，更要命的是，他虽然在江湖上树立了一个正义的好名声，但是一生为不断完善这个名声而奋斗，反而被这个名声所累。

太美了，请停留一会儿

歌德大师的传世之作《浮士德》其实枯燥乏味，现在能看得下去的人没有几个。不过浮士德有一句名言想必人人都记得。浮士德在经历了几十年的世事沉浮人情变幻之后，终于给自己打下了一片大大的疆土，这个时候已经是垂垂老朽的浮士德望着那片美丽的土地，情不自禁地叫出声来："太美了，请停留一会儿！"却忘记了自己曾经和魔鬼打了一个赌，如果他说了这句话，他的灵魂就要归魔鬼所有了。不过，上帝作弊，派天使去违规操作，生生把浮士德的灵魂从魔鬼那里抢了回来。

只是上帝太忙了，难免有照顾不周的地方，不可能帮所有人把灵魂从魔鬼手里抢过来，所以大凡人觉得心满意足，人生境界已经被自己追求到了的时候，他的灵魂就几乎要落入魔鬼的手中了。

这个危机，年轻人很难遇到。年轻的时候什么都好，就是什么都没有，没有钱，没有地位，全都要靠自己真刀真枪从枪林弹雨中拼抢回来。心满意足的心理状态，基本上都是功成名就之人的专利。

历史上，我们认识太多晚节不保的皇帝。他们年轻的时候金戈铁马，锐意进取，终于成就千古贤名，坐看太平盛世的时候，他们和浮士德一样地满足了，希望人生就此停步，一切就按照这个样子发展下去，就可以达到万世长安的境界，至于他自己，辛苦了一辈子，也是时候歇口气了。

这个毛病并非帝王专利，帮派领袖也容易患上。话说丐帮号称中原第一大帮，我们知道的帮主，前有汪帮主是死在任上的，不过他亲手养大了一只善恶不定的狼，心里总是忧患，所以他避免了这个富贵病。中有大侠萧峰，年轻有为，敢作敢当，和兄弟们肝胆相照，丐帮的气势大盛。可惜萧峰异族人的身份败露，成了全体汉族人民的敌人，被无情地赶出了丐帮，他也没有机会得这个富贵病。等帮主之位传到洪七公这里，就有问题了。

“老叫化一生杀过二百三十一人，这二百三十一人个个都是恶徒，若非贪官污吏、土豪恶霸，就是大奸巨恶、负义薄幸之辈。”洪七公如此侠义，做丐帮的帮主本是无可非议，但是老叫化贪饮贪食，一想吃什么东西，就奋不顾身无论如何都要吃到才甘心。而且《射雕英雄传》里第一次提到洪七公，丘处机就说这个人有个毛病，经常“神龙见首不见尾”。如果他是黄药师，经常玩失踪，那是潇洒；如果他是西毒，常年不知道躲在什么地方，那叫孤僻；如果他是南帝，躲在一个天然迷宫里，那是隐居，颇为小资。但是独独洪七公不能这么做，他是统率一个万人之众的大帮的帮主，帮内多少事务得有他才能亲断。他却居无定所，四处去品美食，作为一个在天下都有影响力的大企业领导人来说，这就实在有点搞怪了。

别的不说，丐帮企业内部已经闹了许久矛盾，分出了污衣派和净衣派。净衣派除身穿打满补丁的丐服之外，平时起居与常人无异，这些人本来都是江湖上的豪杰，或佩服丐帮的侠义行径，或与帮中弟子交好而投入了丐帮，其实并非真是乞丐。污衣派却是真正以行乞为生，严守戒律：不得行使银钱购物，不得与外人共桌而食，不得与不会武功之人动手。两派各持一端，争执不休。

洪七公为示公正无私，第一年穿干净衣服，第二年穿污秽衣服，如此逐年轮换，对净衣、污衣两派各无偏颇。其实这个从管理学来看，叫做和稀泥，完全缺乏协调内部不同意见的能力。本来污衣行乞，方是丐帮的正宗本色，只是洪七公爱饮爱食，要他尽是向人乞讨残羹冷饭充饥，却也难以办到，因此他自己也不能严守污衣派的戒律。鲁有脚说洪七公花了很大的功夫也搞不掂，只好搞平衡，弄出个自己一年穿干净衣服一年穿脏衣服这样既不治标也不治本的笨办法来，还渐渐地让净衣派坐大，四大长老中除了鲁有脚还坚持丐帮的本分之外，其他三个长老全出自净衣派门下。自然，这个和洪七公自己也讲吃讲喝贪图口舌之欲有关。既然他本人都做不到乞食为生，他身上的衣服虽然打着几个补丁，却也洗得干干净净，又怎么可能要求别人穿污衣吃百家饭呢？

洪七公不是不知道这样不对，事实也证明污衣派的人才是好人，净衣派的长老们支持杨康跟黄蓉他们作对，差点要了洪帮主两个宝贝徒弟的小命。这些麻烦的源头不能不说都在洪七公，而他自己将这个烂摊子一甩手给了黄蓉。难得他在这个事情上还算有眼光，黄蓉小姑娘虽然顽皮胡闹，做起帮主来还是比他敬业得多，净衣污衣的矛盾在黄蓉的管理下，才渐渐消弭。

生意场上，像洪七公这样坐稳了江山之后就开始搞点小性子的大有人在。据统计，中国的民营企业，虽然过去十年来突飞猛进，但是大都没有战略，也就是不知道以后做什么，企业往何处去。而其中，很多创始人就像洪七公这样，想想创业这么难，也该享受一下了。说实话，古书上老早就写，创业难，守业更难。为什么守业难？估计除了竞争剧烈之外，很多时候还和管理者的心态有关，没有了当年如履薄冰的小心，没有了破釜沉舟不把单子拉下来不罢休的勇气。

所以老板的工作能力重要，工作态度也很重要。所谓上梁不正下梁歪，老板贪吃好玩，下属自然也没有勤奋工作的必要，反正老板都不在，就算要表现，总不能表现给保安和保洁大婶看吧。偏偏现如今有这个毛病的老板还不少。电视上成功企业家的典型形象，就是在蓝天草地之间挥动着高尔夫球杆，当然这个是比较庸俗的爱好，小资一点的就去跳伞、航海、爬雪山，反正都是户外活动，一去大半天乃至大半年的。你若问他公司怎么办？企业家洋洋得意答道：“我们是一个成熟的企业，不需要我本人事必躬亲。我们有一套成熟的管理机制，老板在与不在一个样……”

也许他的管理机制真的非常完美，他对管理学的理论真的已经烂熟在胸。可是不要忘了，圣明如康熙，晚年把摊子甩给他的太子爷，自己懒洋洋地到处打猎扮仁慈，终于搞到国库空虚，腐败丛生。康熙尚且如此，且问高尔夫球爱好者们谁敢说自己的才智功绩在康熙之上呢?

一生为名所累

《射雕英雄传》的结尾处，全书第二号大恶人裘千仞在被众多高手团团围住，走投无路的时候，绝境求生，搞出一套颇为类似辩护律师的说法来："若论动武，你们恃众欺寡，我独个儿不是对手。可是说到是非善恶，嘿嘿，裘千仞孤身在此，哪一位生平没杀过人、没犯过恶行的，就请上来动手。在下引颈就死，皱一皱眉头的也不算好汉子。"他拿这个话唬住了大家，一灯、郭靖、黄蓉等人全都羞愧地退到一边，不敢开口。

这个时候，仿佛聚光灯一照，只有洪七公拿了一条竹棒威风凛凛地站出来，大声说："老叫化一生杀过二百三十一人，这二百三十一人个个都是恶徒，若非贪官污吏、土豪恶霸，就是大奸巨恶、负义薄幸之辈。老叫化贪饮贪食，可是生平从来没杀过一个好人。裘千仞，你是第二百三十二人。"这番话真是说得人心中豪气顿生，为老叫化的风采所折服。不过，忍不住说一句题外话，洪七公之所以成为九指神丐，是因为年轻时候贪吃，误了时间导致一个好人被奸人所害，所以才愧疚难当，砍了自己的一根手指头下来。这件事情不知道算不算洪七公德行上的一个污点呢？不过裘千仞当时可能也是脑子晕了，没想起这段陈年旧事，所以没有说出来反驳一下，不然纵使驳不倒他，也能挫一挫老叫化的锐气。

裘千仞是全书的第二号坏人，恨不得人人得而诛之，第一号坏人欧阳锋出场，大家却似乎没那么大火气，一开始洪七公和黄药师还跟他“锋兄”“药兄”的叫得一团亲热。欧阳锋是个坏人江湖人都知道，不过他和洪七公有一次在船上性命相扑，大船着了火洪七公犹自缠斗不休。突然天上掉下一张着了火的船帆，那张帆又大又坚，连着桅杆横桁，不下数百斤之重，欧阳锋跃了两次，都未能将帆掀开。他虽遭危难，心神不乱，竖起蛇杖要撑开帆布，岂知蛇杖却被桅杆压住了竖不起来。眼看西毒就此丧命，突然间他身上一松，船帆从头顶揭起，只见洪七公提着船头的铁锚，以锚爪钩住了横桁，正在将帆拉开。却是洪七公不忍见他就此活活烧死，当即出手相救。

之后又有一条大铁链被火烧得通红，从空中横飞过来，眼看也要砸在欧阳锋身上，又是洪七公“哎哟”了一声，生生用一双肉掌接住了铁链，扔进海里，片刻之间，两次救了欧阳锋的性命。谁知道欧阳锋恩将仇报，立刻就用杖上的毒蛇咬伤了洪七公，惹来了后面无数风波。

读者们看到这里也经常“哎哟”一声，心里暗自埋怨洪七公此举有些拎不清，本来是一个铲奸除恶的好汉子，到了关键时刻怎么突然婆婆妈妈起来，反正欧阳锋是个坏人，他之前打了一场大架也不是为了娱乐大家的表演赛，那是替天行道，到最后关头欧阳锋被自己放的火烧死，那就是天网恢恢，他从火堆里把欧阳锋救出来，可不就成了逆天而行了？因为救了一个大坏人，以后又会有多少好人枉送了性命啊。

洪七公是个好人，一直以来他在江湖上树立了一个正义的名声，一生为这个名声的不断完善而奋斗，也一生为这个名声所困。在一些关键时刻，这个名声使他下意识地以善去对待所有的人，而不管这个人是否值得他这样对待，也没有考虑这样善行的结果，却是更大更深的恶行。

说到行善，2004年的惊天大海啸，中国很多企业和老板都慷慨解囊，纷纷捐献。丁磊这个曾经的内地首富，考虑了一夜，捐了一百万美元，成了佳话。可是，曝光率比他更高的那些娱乐界的名人们，高调捐出几万块钱，就难免有人在背后戳手指，说他们吃下去的是金子，挤出来的是一点干草。2008年汶川地震的时候，王石的一句不恰当言语引起了网民公愤，爆发了“捐款门”事件，王石差点因此引咎辞职。把好端端一个捐款，搞成了攀比，有些让人哭笑不得。北京也有不少企业家，远赴阿拉善沙漠，呼吁环保什么的。这都是不错的事情。不过，很多企业和企业家有时候还是拿捏不好火候，变得比较夸张。

为了避免被人说成沽名钓誉或者是浪费股东钱财，有家知名地产企业干脆不再参与任何捐助活动。事实上，早年他们因为名声这个事情吃过亏。他们当年刚上市融资，赚了钱，一度乐滋滋地赞助了一些文化演出，也被公众表扬为有文化的企业。不料开了这个口子，他们以后每天都会接到成千上万的捐献要求，从残疾儿童到老总家乡修桥铺路，这类要求无日无之。最后，他们发现，靠他们赚的利润，帮不了多少人，而且还得提防有人借机行骗。况且，企业光有文化也不行，赚钱才是根本，于是他们把心一横，不要好名声，也不想继续泥足深陷，以后干脆防患于未然。即使有人一把鼻涕一把眼泪地到公司哭诉，他们也咬着牙回绝。不过，他们也有另外回馈社会的办法，就是积极参与社区活动，采用环保材料，积极考虑城市发展建设，强调社区对城市社会的贡献。其实，企业在这方面的投入，一定不比捐钱少，对社会的贡献，可能更大。

因此，现代的个人和企业其实应该灵活处理名誉这个问题，不能为了名声，做出太多有违正常生意和商业规律的事情来。要争取好名声，有很多方法和途径，而不是一味局限在高举高打大施恩惠上面。否则，分分钟会搞成一个笑话。

还有一个和洪七公一样有道德洁癖，因此带来不良后果的人，则是一代大侠张无忌的父亲张翠山。张翠山在冰火岛上和殷素素结成夫妻，生了张无忌，和谢逊结成生死兄弟，过了十年与世无争的生活。殷素素也决心跟着名门正派的丈夫，洗心革面，做一个好人。他们回到中原，消息一传播出去，无数要找谢逊报仇的人跟踪而来，在张三丰百岁寿筵上，更是集结人手挟带凶器地涌上了武当山。

当时情况危急得很，武当七侠商量说，要摆出张三丰所创的真武七截阵来对敌。因为这个阵法从来没有用过，为了完成俞岱岩的心愿，就让殷素素代替俞岱岩的位置。大家商量妥当，一起来到俞岱岩的病床前。殷素素轻轻说了一句话，俞岱岩立刻面色大变，脸上的神色又是恐惧，又是忧虑。

殷素素终于说出当年用暗器伤他，用计夺走他的屠龙宝刀，又雇龙门镖局的人送他回武当山这所有的事情都是她和她的兄弟干的。张翠山全身发抖，目光中如要喷出火来，指着殷素素道："你……你骗得我好苦！"殷素素拔剑让他杀了自己，张翠山终究下不了手，于是他大叫一声，奔入厅里，向着空闻大师、铁琴先生何太冲、崆峒派关能、峨眉派静玄师太等一干人朗声说道："所有罪孽，全是张翠山一人所为。大丈夫一人做事一人当，今日教各位心满意足。"说着横过长剑，在自己颈中一划，鲜血迸溅，登时毙命。

这是金庸武侠小说中数得上的惨烈场景，回目取作百岁寿筵催肝肠，可见作者写到此处，也是满腔悲愤，不可名状。但是早在张翠山初识殷素素，二人在杭州小船上一席夜话，虽然风光旖旎，但殷素素一开口就已经告诉张翠山是她叫龙门镖局的人送俞岱岩回武当，因为他们办事不力又回头杀了龙门镖局满门的人，就是自己。张翠山当时问殷素素为什么这么好心？这个大恩是一定要报的。殷素素便冷笑道："你不用谢我，待会儿你恨我也来不及呢。"

后来张翠山和殷素素做了十年夫妻，冰火岛上半年白天半年黑夜，长夜漫漫两夫妻相对无聊的时候，他也硬是抗着没有问清楚殷素素究竟为什么这么好心。又或许，他其实猜到了个中缘由，却因为已经对殷素素情根深种，下意识地回避了这个问题。其实殷素素射俞岱岩的那一针，本不是什么厉害的毒药，到了武当山自然就没事了。后来俞岱岩被匪人中途劫去，被少林金刚指一寸寸把四肢骨头全部捏碎，殷素素也不想的，最后这笔账不能全算到殷素素头上去。

但是，武当七侠一向以兄弟情深、侠义过人著称，在外人面前一直表现得七兄弟一条心，张翠山在众人面前终于被迫面对这个事实的时候，他选择了自杀，来洗涤这个并不完全属于他和他妻子的过错。因为在侠义和兄弟的名声下，他无法承担一点对不起师兄的愧疚。如果都像他这么想的话，后来宋青书亲手杀害了莫声谷，宋青书的父亲宋远桥就得死好几回才能赎罪了。如果都像他这么想的话，张无忌和赵敏也是好事难偕。

洪七公和张翠山都成就了自己的好名声，但是结果如何呢？见仁见智。总之他们身后的人，都多了一些麻烦。名声这个东西好比一个工具，工具是被人利用来搞好工作的，如果反过来人被工具所控制，就好像主人成了奴隶，人为工具打工一样，有些不值当。就好像我们上学时候经常说的，英语只是一个工具，是为了我们能更好地工作、学习和生活的一个工具，绝不能纯粹为了学英语而学英语，钻进了牛角尖反而就学不好了。

同样，建立一个好的名誉是很多人的梦想，有一个好的名誉，人在商业社会中仿佛有了一张金字名片、活动广告一样，增益不少。但是在关键时刻也要能够不被名誉限制，敢于打破这个金字招牌，给自己重新建立一块招牌。这对人是一个考验，也是一个突破的机会。一个“好人”的招牌，不应该成为自己大义灭亲的阻碍，而招牌蒙上一点尘埃，更不应该就因此做出亲者痛仇者快的事情。

第四章　草莽门派的贵族CEO陈家洛

陈家洛乃红花会总舵主，是当时乾隆皇帝同父同母的亲弟弟、前朝宰相陈世倌家的二公子，也是当代第一高手袁士霄的徒弟、江湖第一大帮派红花会首领于万亭的干儿子。他明星相十足，文武双全，风度翩翩。但是他的性格、出身和阶级局限性，最终导致红花会元气大伤，在中原难以容身，红花会众人要千里迢迢去回族兄弟那里寄人篱下。陈家洛可以评得上最差CEO。

忠字头上一把“刀”

现在的电视连续剧，少几个俊男美女都卖不出去，而且收视率越来越和美女帅哥的数目成正比。甚至有人说，看着某某的一张脸就满足了，至于演技，还需要吗？这种心理很多人都有，看电视本来就是闲暇时候最不用动脑子、最省钱的一种娱乐方式，看看俊男美女养养眼，就达到目的了，如果拍电视的人再多下点工本，让电视里的一小部分人出身豪门，吃穿用度金碧辉煌，那就更超值了。

有一个人对这类电视的总结很精辟，“就是穷人对富人生活的想象”。之所以我们需要想象，并在想象中得到满足，是因为富人和豪门，在现实社会中仍然是稀缺产品，并不时常出现在我们的生活中。因为有需求，电视、小说就一再地把故事场景搬到富人家的庭院中去。当然，还有一个原因，虽然所有的穷人都需要励志，但是所有的穷人都喜欢看豪门恩怨，喜欢看含着金钥匙出生的富家子弟们怎么游游荡荡，走马章台，流连歌榭，最后成了一个败家子，全副身家不见的同时，还要把心上人输给一个奋发向上的穷小子。看完之后，再恨恨地总结一句，“从来豪门多逆子”，这段娱乐时间就算完美结束了。

金庸刚开始写武侠小说的时候，还不太信这个邪，憋着劲非要写一个故事来证明即使主人公出身豪门，依然可以成长为一个忧国忧民的大英雄。所以他想象了一个轻袍缓带、面如冠玉的少年公子，给他安排了一个非常豪华的身世。

这个身世说起来吓坏人：当今皇帝同父同母的亲弟弟，前朝宰相陈世倌陈阁老家的二公子，当代第一高手袁士霄的徒弟，江湖第一大帮派红花会首领于万亭的干儿子。这个身世前无古人后无来者，所以陈家洛出场的时候，年纪轻轻，没有尺义寸功，就因为于万亭临死时候嘱咐要他接任舵主，红花会就用了最尊贵的仪式，千里接龙头，去迎接陈家洛。

这个富家子最后也没有逃脱败家的命运。说红花会毁在陈家洛的手里有点夸张，但是陈少舵主搞得红花会大伤元气，最后在中原难以容身，红花会众人千里迢迢去回族兄弟那里寄人篱下，也实在难以说成是陈舵主的政绩。

说到这里，实在不忍心告诉大家，这些富家子搞砸了生意，没出息的事迹，依旧是我们“穷人对富人生活的想象”。说个最简单的道理，这些富家子是没用，不懂装懂，身娇肉贵，吃不得苦，听不进人言，最后搞砸了生意，赔了许多钱，但是最让人难以接受的一个事实是，你不是富家子，连败家的机会都没有。如果“李小超”不是“李超人”的儿子，他哪有机会搞盈科，搞数码城，就算大家都骂他花那么大心思搞的盈科最后不还是要败给人家，那又怎么样？

至少“李小超”从来就不用在数码城旁边摆一个卖手机绳的档口，守着电视机发挥对富人生活的想象。

说回《书剑恩仇录》，让我们继续对“陈小富人”的生活进行幻想。坦白来说，陈家洛比一般的官宦子弟还是要有点志向的，他本来不想做总舵主，认为跟自己的个性不合，这个时候他还认识不到自己不仅仅是性格不适合做总舵主，才干也不足以做总舵主。不过这完全可以原谅，因为人总是要在实践中才能逐步认识自己。

那是哪只幕后黑手非把陈小倌在一个不适合的时间推上一个不适合的位置呢？第一大罪人当然是他的义父于万亭。红花会的组织结构我们不是很清楚，不过江湖帮会的继位方式不同于封建王朝，皇帝在写着“正大光明”的牌匾后面藏一道遗诏，说是谁就是谁，不用什么理由。江湖帮会、门派的继位，如果门人都是老掌门的徒弟，那就在徒弟中找一个武功高人品好的，如果帮众不是掌门的徒弟，而是大家因为同样的理想从五湖四海走到一起的，比如丐帮，那就通常是功高者得之了。而红花会的性质和丐帮差不多，却凭着老帮主一句遗言，不管三七二十一，就把一个从未涉足帮务的小伙子奉作了帮主。当然，丐帮的洪七公也干过一次这样的事，好在黄蓉在君山大会上夺回打狗棒，清理了叛徒彭长老，阻止了铁掌帮对丐帮的觊觎之心，上任伊始，也算是做了一点让大家心服口服的事情。

红花会的兄弟们比较好说话，他们用最尊贵的仪式，千里接龙头去接陈家洛的时候，有几个兄弟担心这个少舵主肯不肯出山，到底有没有本事压住这些兄弟，于是其他兄弟正色道："压不住也得压住。这是老当家的遗命，不管少舵主成不成，咱们总是赤胆忠心地保他。"

就因为这种盲目的服从，这个家世显赫的公子以弱冠之年，出任红花会的少舵主，领导群豪，开始了他匡复汉人江山的重任。他的身份特殊，也许这便是于万亭没有征求红花会众兄弟的意见，留下遗命要陈家洛接掌帮会的原因。于万亭也相信自己的这帮兄弟，不管"少舵主成不成"都会赤胆忠心地保他。问题在于，陈家洛如果成，自然最好不过，偏生陈家洛虽然养在江湖，但从书中描述可见，在他出任舵主之前，并不曾在江湖中摸爬滚打，以至于兄弟们去迎接他的时候，还曾经担心他是不是肯出山，可见陈家洛没有什么江湖经验。更要命的是，陈家洛出生在钟鸣鼎食之家，纨绔习气与生俱来，豪门逆子的通病，他也基本占全了。

陈家洛后来制定的战略，比如劝降大清皇帝之类的惊世骇俗的主意，充满了罗曼蒂克和理想主义，和红花会众兄弟的品味格格不入。而且在六和塔上，陈家洛刚一宣布劝降战略全面展开的时候，就有人暗暗表现了不屑。但是鉴于这个"不论成不成，咱们都要保他"的基本"国策"，红花会的兄弟们也就二话不说，尽心尽力地去执行，最后的结果怎么样，就不用说了。

可见，"不论他成不成，咱们只管赤胆忠心地保他"这样没有理性的想法，也指导不出什么有建设性的行为，只有破坏性。不过这话落在管理者的耳朵里，一定就好像女孩子在三伏天里遇上一个靓仔双手送上哈根达斯冰淇淋，从内到外又是甜蜜又是熨贴。因为下属这样不问原因不问结果的盲目忠诚，是管理者最乐意见到的事情，自己的地位有了下属盲目崇拜的保护，那可当真是千秋万代、固若金汤了。不过这个领导如果是个成事的，忠心一下也就算了，若像陈家洛这样是个不成事的，连劝降大清皇帝这样罗曼蒂克的想法也非要弟兄们摇旗呐喊地叫好，确实有些难为人。

好在现在的企业都已经认识到，一来不能指望员工太忠心，二来万一员工们愚忠起来也不是一件好事，所以有了一项新东西，叫做风险管理机制。老板有了指使，不要二话不说就去执行，大家先坐下来研究一下劝降大清皇帝这个提案的可行性评估，先制定出几手应变方案，红花会这盘棋就不会下到这般山重水复了。

英雄还是要论出身

陈小哥陈家洛是自小接受熏陶的富家子，一站出来就明星相十足，卖相比一般的江湖人物好一些。红花会的兄弟们江湖豪杰见得多，纨绔子弟见得少，就好像20世纪八九十年代的时候，但凡有个海归（其实那时候还没有这个名词，我们管这叫喝洋墨水、镀金），学会了用英文来表达自己对企业管理的见地，就通常能引起上至老领导下到下属的有如滔滔江水的崇拜。这个也不稀奇，究竟人家肚子里的洋墨水管不管用，有多少斤两，大家也不知道，只是因为这种行为方式透着洋气，大家没怎么见过，中国人一向物以稀为贵，难免就被唬住了。

话说红花会的兄弟们见了陈家洛英俊的相貌，已经觉得他不凡了，后来又看他年纪小小，功夫却练得不错，待人接物颇有法度，在杭州和乾隆假扮的老爷一番对答，更是文采风流，便以为真是选了一个明主，从此能带领红花会集团走上一条更宽广的事业道路。兄弟们一心拥戴，陈家洛开始推辞了一阵，之后也就心安理得地做他的总舵主，按他的行为方式来管理红花会了。事实上，接任的时候，他出身显赫又能亲民，加上文武双全和风度翩翩，难得的是有一般纨绔子弟没有的理想，就是为国家民族甘愿牺牲个人幸福，初步看上去有成功CEO的基础。

可是陈家洛为什么还是把红花会管得一团糟，搞到连在中原都呆不下去？一个要恢复汉家天地的帮派，最后连自己的革命根据地都丢了，要到少数民族聚居地去求生存，从此脱离了人民斗争的汪洋大海，再想求发展，可就难了。说到这里，不免让人想起红花会的祖宗天地会。康熙年间，天地会遭到了康熙的穷追猛打，连无间道都用上了。天地会当时的领导陈近南虽然名声响当当，但对天地会的管理却是马马虎虎，基本总结不出几条成功经验，连任用能人韦小宝这一点好处，也是瞎猫碰上死老鼠。不过，陈近南再菜，也没有丢了中原这块根据地，所以要评最差CEO，还是陈家洛领先一分。

陈家洛的栽，根源要上溯到于老帮主的用人失败，他犯了一条错误叫“以出身论英雄”。书中所见，于帮主可能是希望企业转型，摆脱草莽气息，所以选用世家子弟陈家洛。另外，他对陈家洛身为皇帝之弟这个秘密，多少有点幻想，因此重用陈家洛似乎有点风险投资的味道。不过，这一盘他输得很惨，把红花会企业集团的老本都重创了，空留下美名和遗憾。

事实上，由红花会的各位当家的分布来看，于老帮主似乎一直没有认真做过接班人的培养工作。老二无尘性格有缺陷，老三赵半山欠缺霸气，老四文泰来似乎卖相比较好，但是书中所见，也基本上是一粗汉子，缺乏战略头脑，至于老五老六，就更加缺乏企业领导的能力了。因此，他选用陈家洛也有点无可奈何，至少陈小哥还算有一点企业形象代言人的感觉。另外，任用年轻富家子弟，得预防他们只懂顺境做事，缺乏逆水行舟的心理素质和能力，至少应该指定两三名特别助理作为辅助。勉强来看，赵、文二人可以当此责任，加上七当家武诸葛徐天宏，多少能够起到企业战略决策委员会的作用。但是于老帮主在对年轻CEO上任后的企业组织建设方面显然缺乏谋划。从这个角度讲，红花会的失败似乎更大的原因在于，陈家洛在不适当的时候，在不适当的位置，做了一些适合他世家子弟身份，却极端不适合企业发展的事情。

《书剑恩仇录》中有一场惊心动魄的大型械斗，发生在红花会的四当家文泰来被清兵捉住，要押去北京的路上。文泰来曾经听过于万亭的遗言，知道乾隆的身世，所以一路上一直被官兵追杀，被捉住之后，也是由高手张召重亲自带兵押解，一路小心防范。而红花会众英雄和铁胆庄的人一路猛追，要把四当家的救出来。双方一路大战小战不停，到了赤套渡口，终于双方相了面，摆开阵势，打了一场阵地战。

那日暮霭苍茫中但见黄水浩浩东流，波涛拍岸，一大片浑浊的河水，如沸如羹，翻滚汹涌。红花会派了两个人打扮成艄公，渡清兵过河。渡了两批清兵在河上，突然发难，大部队冲出来，艄公提起船桨，把清兵都打到河里去了。第一高手张召重因为谨慎，没有上筏子，所以没事。红花会之前已经与清兵交手数次，没有理由不知道张召重武功最高，极是难办。而张召重不会水，到了河上，即便有一身武功也只能束手待毙了。可是红花会的英雄只渡了两批小喽啰在船上，就忙不迭地下手，错失了良机，实是指挥不当。

之后陈家洛骑着马越众而出，不拿兵器，手里摇着一把扇子，装模作样地说了一些“谢谢你们把我们四当家送到这里”之类的废话。张召重上来就打，陈家洛的小厮送上兵器，陈少当家技痒，冲上去就和张召重单挑。无尘和半山他们见陈家洛要出风头，不好和他抢，于是各自去收拾喽啰。其实这就是问题所在。战场如商场，都是刻不容缓、争分夺秒的地方，偏生新总经理陈小哥要显示本事，就误了红花会集团抢救第四号行政董事的大好机会，铸成大错。

这一架打了许久，红花会的兄弟们把那些武功低微的官兵差不多都料理了，骆冰已经冲到文泰来的囚车里夫妻重逢了好一会儿，说了许多恩爱话。陈家洛终于输给了张召重，接着无尘和张召重打了一场，也输了，赵半山又打了一会儿，这群执行董事级别的红花会高层挨个打了一通之后，张召重想到了一个特别简单的办法，就是他抽空奔回大车，重新制住了文泰来，正在这个时候，他的援军到了。红花会拯救文泰来的行动终于宣告彻底失败，人没救出来，反而伤了好几个自己兄弟。

陈家洛赛后总结，恨恨地说："咱们只道张召重已如瓮中之鳖，再也难逃，哪知清兵大队恰会在此时经过。早知如此，咱们合力齐上，先料理了这奸贼，或者把文四哥夺回来，岂不是好？"骆冰见丈夫得而复失，哭得伤心，红花会的兄弟都心情沮丧，可是他们都不好意思上去对陈家洛说，都是少舵主指挥失误。本来这次行动的唯一目的就是救人，并非比武。没见过劫法场的人把人从刀口下救下来，还说："兄弟，你在旁边先看场比武，比了输赢咱们再跑也来得及。"结果陈家洛少年意气，爱出风头，一看张召重是个成名的高手，自己便要单独会一会他。事后检讨的时候，他也丝毫不见愧疚，没有认真反省因为自己领导无方连累了兄弟们，口口声声只说"咱们"。身为领导如此推卸责任，让下属怎能信服？又怎么建立威信呢？

张召重是本书中最重要的一个坏人，什么坏事都有他插一脚，关键时刻总是他出来捣乱。而这个人偏偏是武当派重要人物陆菲青的师侄，陆菲青几次想清理门户，又下不了手，想给他一个改过自新的机会。陆菲青是长辈，有时候人年纪大了，心肠软一些，是可以理解的。但陈家洛身为江湖社团的头子，少年得志，按理不会这样妇人之仁，但是在张召重在大漠中被狼群围攻的时候，陈家洛不仅没有替红花会的兄弟们报仇，替他的朋友陆菲青清理门户，反而给他水喝给他肉吃，让张召重养足精神。陈家洛为什么要这么做呢？因为他公私不分明，这个时候想着讨好女朋友，把红花会的天大事体都放到了一边去。他想的是："喀丝丽心地仁善，见我杀这无力抗拒之人，必定不喜。"心思这么轻轻一转，红花会的利益就显得微不足道了，他还自欺欺人地给了自己一个冠冕堂皇的理由说："乘人之危，非大丈夫行径。"心思如此虚伪，果然就是一个不堪大任的纨绔子弟的作风。

轻易获得一家大企业的最高领导权，不懂珍惜，这种事情在当今内地的民营企业之中比比皆是。二十多岁的儿子、女儿就已经是总经理、总裁，老一辈栽培的心思虽然在，但不符合商业规律，其实是好生危险的选择！

陈家洛接过红花会重任之后，在人前努力表现出一派领袖风范，但独处之际，心中常常牵挂的则是个人恩怨对错，生怕名声有损，只顾成全私德，不衡量公众效果。这就比较麻烦了。第一把手不能把集团利益放在个人利益（声名）之上，这个企业就存在很多隐患。现在不少民营企业对职业经理人有点信不过，理由也与之相仿。例如，有些职业经理人明星一旦空降到任，往往是召集媒体，大到他治下的企业规范，小到他平时怎么吃饭、健身，都说得百转千回，至少自己的知名度、曝光率继续提升，至于企业利益，暂时看不到，可民营企业的老板还不好说他，因为人家一开口就是，这么做也是为了提升公司形象。

说白了，陈家洛的失败不能怪他，因为他有他的阶级局限，他的出身、教育注定他在那个时候会做出那样的反应和选择，如果上天再给他一次机会，他还是会坚持己见的。所以江湖草莽本来就不应该指望天潢贵胄能带领他们闹革命，天潢贵胄也许是一尊有本事的大菩萨，但是江湖帮派的庙小，还是容不下，硬塞进去，除了撑破了这间破庙，树倒墙塌之外，还能有什么结果呢？也许有些住持比较有远见，认为目光放远一点，先请了大菩萨，有了大菩萨的带领，香火一盛，自然就能赚到钱修大庙了，其实错了。中国很多乡镇企业、民族企业、小企业，都有这样很有远见和决心的领导人，所以有一段时间，麦肯锡之类的咨询公司在中国轻轻松松赚了许多钱，也招致了身前身后一片骂名。企业家们兴冲冲花百万美元请洋咨询公司来给自己调理经脉，以为从此有了符合国际惯例的管理条例，就可以走上国际化发展的道路，谁知道一口吃下去，自己不但没吃成胖子，还生生给噎着了。

这个“金玉其外，败絮其中”的骂名，陈家洛可以背，他除了外表光鲜，也的确没有什么料。但是这个骂名要安给麦肯锡这些咨询公司，就有些冤枉，人家国际通行的那一套，还是真材实料的。只是“断对症，开错药”这个罪名，他们可就逃不掉了。当然，人家家大业大，从来见的都是大公司，最拿手的是诊治“大公司病”，穷家小户的那点“小肚鸡肠”叫人家来揣摩，可不就是难为人家了嘛。所以大英雄也有局限性，不能迷信，得门当户对，找对象如是，找领导其实也如是。

拳错，人生不可错

陈家洛是金庸第一部武侠小说中的第一男主角，没有一个作家会故意在如此具有历史意义的人物身上摊派缺点，却偏偏陈家洛难以争辩地成为了金庸笔下最让人诟病的男主角。武侠的世界无非两大主题，爱情或者英雄，或者英雄和爱情。陈家洛身负国仇家恨，他想做一个英雄，于是他牺牲了爱情，那个大漠来的绝色女子连同她单纯的爱情一起被陈家洛送进了地狱。他把他的英雄梦建立在和乾隆皇帝物物交换的不道德交易上，却忘了他的对手是一个政治家，而他自己只不过是一个想做英雄的政治白痴。

《书剑恩仇录》是金庸的第一部小说，那时候金庸的想象力还没有天马行空，所以他的武学系统还不像后来发展得那么玄妙，但是大师出手必有不凡之处。陈家洛在武功上已经有了和先人截然不同的特点。

书里曾经有这样的描写：

“三招一拆，旁观众人面面相觑，只见陈家洛擒拿手中夹着鹰爪功，左手查拳，右手绵掌，攻出去是八卦掌，收回来时已经是太极拳，诸家杂陈，乱七八糟，旁观者人人眼花缭乱。这时他拳势手法已经全然难以看清，至于是何门派招数，更是分辨不出了。

“原来这是天池怪侠袁士霄所创的独门拳术百花错拳……这套拳法不但无所不包，其妙处尤在于一个‘错’字，每一招均和各派祖传正宗手法相似而实非，一出手对方以为是某招，举手迎敌之际，才知要打来的方位、手法完全不同，其精微要旨在于‘似是而非，出其不意’八字。旁人只道拳脚全打错了，岂知正因为全部打错，对方才防不胜防。须知既是武学高手，见闻必博，所学必精，于诸派武技胸中定早有定见，不免‘百花’易敌，‘错’字难当。”

这套拳法和金庸后来想出来的九阴真经、九阳神功等高明功夫相比，自然差得老远，甚至和陈家洛后来自己悟出来的庖丁解牛功夫也无法相提并论。但是它在《书剑恩仇录》里，已经算是了不起的功夫了。而金庸初始写作，心里很是担心读者们看不懂，跟他计较，所以不厌其烦地告诉读者，这套拳法的微妙之处在于“错”，你以为我错了，其实是你自己猜错了，但是你并不知道自己错了，所以故意打错者处处占了一个“出其不意”的先机，接招者一见自己猜错，人家时时与常规背道而驰，自己永远估计不到人家下一步要打在什么方位，心惊之下不免手忙脚乱，落了下风。金庸解释得很清楚，读者看到这里，就会会心一笑，赞一声好功夫。这番道理，想必天池怪侠在教给陈家洛这套拳法的时候，也是细细解说过的，陈家洛对这个“错”字的领悟，也一定比我们更深得多。

可惜陈家洛武功练得不错，却不知道武学之道推而广之，也是一种人生哲学。陈家洛一生，带领红花会众兄弟和乾隆斗智斗力，却正好像两个人打架，只可惜这次使出百花错拳的，是不太会武功的乾隆，而陈家洛在这个十全皇帝的面前，束手束脚，处处自作聪明，以为自己机关算尽，却仍不免一事无成，误人误己。

陈家洛找了一个叫玉如意的当红妓女，施展美人计把乾隆骗到六和塔上关起来，饿了皇帝两天两夜，先挫了挫皇帝的锐气，然后又送上精美点心、龙井茶，趁皇帝吃饱了浑身舒坦的时候，陈家洛现身兄弟相认，舌绽莲花要说反乾隆。“你是汉人，汉人的锦绣江山沦入胡虏之手，你却去做了胡虏的头脑，率领鞑子来欺压咱们黄帝子孙。这岂不是不忠不孝，大逆不道吗？”说得乾隆羞愧难当，陈家洛又缓缓给他指了一条明路，叫他把满洲人赶出关去，不要做一个继承大统的皇帝，而要做一个开国之君，“大丈夫生在世间，百年之期，倏忽而过，如不建功立业，转眼与草木同朽，历来帝皇，如汉高祖、唐太宗、明太祖，那才是真英雄真豪杰。元人如成吉思汗，清人如太祖努尔哈赤、太宗皇太极，也算得一代雄主。如汉献帝、明崇祯这种人，纵使不是亡国之君，因人碌碌，又何足道哉。”

乾隆点了头，陈家洛就大喜过望，叫过一帮兄弟来行君臣之礼。从此皇帝叫他干什么他就干什么，叫他去回部拿皇帝是陈阁老之子的证据，他没口子地就答应了，叫他劝香香公主跟了自己，他也怀着沉痛的心情去拿大道理开导香香，让这个异族女子为了他汉家天下的梦想牺牲一生。他什么都做了，乾隆却翻脸不认账了。

金庸说是雍正有先见之明，知道这个不是自己的儿子迟早有二心，所以留了道圣旨对付他。其实这道圣旨无非给乾隆一个不反清的台阶下，有没有太后出来威胁，乾隆都不会反。为什么要反？不反的时候，乾隆是一个皇帝，反了，费九牛二虎之力，成了无非也是做个皇帝，若不成不要说败寇，当真是粉身碎骨。香香是个天下无双的美女，但是这个美女是不是值得拿自己的性命和这花花的江山去换？除非特别痴情，否则这个选择题没有人会犹豫。更何况，陈家洛这个实心眼的孩子，乾隆这边还未举事，他就先将香香送回来了。

陈家洛看到六和塔下合围的清兵，被乾隆在窗口说了一句话，就乖乖地退了三十步，不觉得意洋洋道："皇帝者，天下之至宝也，与其杀之，不如用之。"他的手下们也凑趣地哈哈大笑。陈家洛只懂得皇帝可以利用，却不懂得皇帝不是那么容易利用的。想当初他在六和塔里跟乾隆说了一大堆忠孝的问题，最后还得他发誓说事成之后，自己一定带着兄弟们隐居西湖边，绝无不臣之心，乾隆才放下心中疑虑，点头答应。可见乾隆最终在乎的，还是这个江山和这个皇位。

陈家洛一开始，就摊开了自己的底牌，他的心思，他的逻辑，他下一步会做什么，被人看得一清二楚。反观乾隆，他表面上在六和塔与陈家洛兄弟相认，承认自己是汉人子弟，但是实际上他在想离开了六和塔之后做什么。陈家洛无非是想当然而已。他以自己的心理，以他接受了一辈子的汉族文化教育去揣测一个帝王的心思。他以为，一个人知道了自己是汉人，就该为汉人天下抛头颅洒热血；他以为，自己为了香香公主的一个微笑，可以不顾性命地攀上悬崖摘一朵花，乾隆是一个比他更有欲望的男人，所以也该为香香的倾城一笑冲冠一怒。他的推断都是有逻辑的，可惜只符合他自己的逻辑，乾隆偏偏是汉人的身，满人的心，风流才子的面相，盛世帝王的手段，所以他的下招，陈家洛处处猜错。

陈家洛锦衣玉食，智力看上去要比一般人高，但是他为什么老是猜错乾隆的下招呢？原因也很简单，就是陈家洛是个政治白痴，或者说，他其实就是一个不折不扣的白痴。地球人都知道，世界上没有免费的午餐，原始人都知道物物交换的原则，他却以为凭着他的几句大道理，就能说动乾隆放弃已经捂热了的宝座，跟着他去追寻一个虚无的所谓忠孝的名声。这无异于与虎谋皮，红花会没有因此断送在陈家洛这个败家子手上，算是金庸手下留情了。

这个毛病，大多数职场人士多少都会犯。站着说话不腰疼，你打拳的时候容易，反正怎么离谱怎么来，对方就猜不到了。但是接拳的时候怎么办呢？明知道接下来对方要不按牌理出牌了，可是人家手里一把牌，你怎么猜他究竟要出哪一张呢？不猜是不可能的，说什么也得有点准备，否则到敌人那张牌一打出来，你就太被动了。那准备的时候怎么办呢？一般人也就是单方面用自己的心思去猜度对方的想法。条件越好的人，年纪越轻的人，还有成功越容易的人，越常犯这个错误。陈家洛肯定是想：我都能够这样，为什么对方不能这样呢？我一向是靠这招走四方吃百家的，这么灵的招数，他怎么会不用呢？

西人谚语有云："甲之蜜糖，乙之砒霜。"商业社会的好处是，整体的规则是清晰一致的，但是，绝不等于每个个体之间的利益都一致。有人喜欢升职，有人喜欢加薪，还有人愿意多休息，因此，陈家洛此举就等于一个民营企业老板去找一个大型国企集团老总，教对方怎么做生意。但是他忽略了，双方面临的处境和得失标准都大相径庭，他为对方设计得越巧妙的方案，有银两，有美女，对方恰恰越无法消受。老实说，很多人外形和家世远不如陈家洛，但是，他们对自己的自信和别人的不了解，却比陈家洛还要厉害。我亲眼见到一个到香港争取上市的公司，老总在和一群手握数以亿计资金的投资人交谈完后，一脸大惑不解地说："为什么？为什么他们不看好我的公司？"这家公司管理层全是亲属，财务问题多多，而且公司产品又没有特色，对于未来的预测又破绽百出，还好意思怪别人不了解？

不是每个人都有机会和别人谈判这种军国大事，但是商业谈判呢？甚至和老板谈升职加薪，在职业生涯中总没有人会陌生。那么不要像陈家洛这样实心眼，不能用自己一套未经实践检验的行为准则去推测别人的心。

就像经常有人会说："我这么好，为什么老板这次提升他不提升我？"这样的情况下，你就得换在老板的角度，看看他到底是在哪点上否定了你。如果他是那种不看才能只看关系的人，那么你还是及时寻找另外的机会为好。要是发现他对你的评价和你所认为的自己的能干程度不一致，那你就得反省一下，自己是不是真的那么出色。不能把自己太当作一根葱。

或者，如果猜不到上司或者对手的心意，还是不要猜了。老老实实，见招拆招，"不见兔子不撒鹰"，本来就是商业社会的一个行为准则。

第五章　险境造英雄的非典型CEO周芷若

周芷若是峨眉派如假包换的掌门人，外形讨好，有明星相，而且武功有一套，管治教派也很见本事。但是她的成功之路，却因为她的性格问题变得不容易看清楚，所以称之为非典型成功者。

峨眉派的职场环境相当恶劣

金庸写的坏女人，每一部书里总有那么一两个，很坏很坏的却也掰着指头能数出来。一出场就在墙上留下血手印，杀了陆家庄满门的赤练仙子李莫愁至少可以排名三甲。不过金庸还是很同情地告诉读者，李莫愁这么狠心，杀人不眨眼，是因为年轻的时候被情所伤，被男人抛弃受不了刺激。四大恶人中排名老二无恶不作的叶二娘更恐怖，老是去偷人家养得肥肥白白的婴儿来玩，玩够了就杀死，实在没有人性。但是金庸最后还是让她和少林方丈玄慈一家团聚之后在武林众豪杰面前自尽徇情，一生罪恶到此又仿佛有了解脱的理由。至于据说曾经使得很多地方的母亲，在教育孩子的时候说“再不听话，就让梅超风来收拾你”的桃花岛女弟子，为了救师父黄药师，以身相替，含笑而逝的情景，其实也赚来过不少软心肠人的眼泪。

但是有一个坏人，她杀的人不是很多，功夫也不算高，绝不像前面三位女魔头那样坏到令江湖人闻风丧胆的地步，但是金庸却不肯轻饶她，没有在书中给她安排几个表现人性闪光点的情节，使得该女士一出场，除了作恶还是作恶。因为有了她的存在，本来由人气最高最可爱的小姑娘郭襄一手创办的峨眉派，竟然成了一个职场“绞肉机”，使得许多天真、软弱、相信爱情的女性进了峨眉派就好比进了屠宰场一样，死到连渣都不剩，实在令人伤感。难怪一向怜香惜玉的金庸金大侠愤怒到要在她出现的章节中大笔一挥写上《有女长舌利如刃》的回目，以彰显此人之不堪。

这个人就是峨眉派的女弟子丁敏君。这个人练武的天分仿佛不是很高，练来练去，总是不得门道，偏偏心气儿还挺高，对峨眉掌门人的位置虎视眈眈。所以她对师父灭绝师太所中意的其他徒弟，尤其是经常夸奖，偶尔露出有传位之意的师姐妹，产生了嫉妒心理。纪晓芙因为她搬弄是非，煽风点火，终于死在灭绝师太的手里。十年之后的周芷若，因为师父老夸她进步快，峨眉派的发扬光大要落在她身上，所以也吃了很多丁敏君那条舌头的苦头。

金庸很君子，所以爱护女性，为了维护女性形象，不惜给那几个女魔头安排一段令人伤感的情路，以让读者原谅女魔头的变态行为，可是他为什么偏偏不原谅丁敏君呢？仔细想想，或许是因为丁敏君一不为情，二不为这两个师妹长得比她漂亮，三不为师妹的武功天分比她高，而是因为她自己事业上的野心得不到实现，这两个师妹成了她升迁的绊脚石，她要利用自己唯一比她们强的手段来试图扳倒她们，扫清自己前进的道路。这样的人也许现在我们可以称她一声女强人，但是几十年前的传统知识分子金庸，也许就会从心里鄙视她，忍不住要笔伐她。

峨眉派的纪晓芙纪女侠，从表面上看，是被灭绝师太一掌打在天灵盖上死了。从深一点来看，她自己也有不对，死脑筋，不懂得分析、揣摩师父灭绝师太的心理，忤逆了师父。据江湖传言说，当年败在光明左使杨逍手上的峨眉派师伯孤鸿子，其实是灭绝师太的心上人。即使灭绝师太的亲兄弟死在谢逊手里，后来峨眉派派人去武当山找张翠山夫妇，打听谢逊消息的时候，还是举止有礼，相当克制的。可是孤鸿子和他师妹一样小心眼，因为输给杨逍，所以一口气上不来，半路气死了。灭绝师太心痛心上人之余，自然把这口恶气撒在杨逍的头上，所以时时告诉徒弟们魔教和峨眉派有杀师伯大仇，一听见杨逍的名字，就喊打喊杀的。

所以替心上人孤鸿子报仇，是峨眉派掌门灭绝师太心头第一要紧的事，可惜纪晓芙女士白白做了许久灭绝师太最疼爱的弟子，硬是没看出来。结果灭绝师太听说纪晓芙和杨逍有染，于是千方百计从犄角旮旯里把纪晓芙找出来，要她去施美人计，替自己心上人报仇的时候，纪晓芙一点情面不给，断然拒绝，终于给自己惹来杀身之祸。纪晓芙这种为爱情献身，百折不回的正人君子，实在很令人敬佩。其实当时她有很多种选择，比如假装去执行美人计，究竟效果如何，山高水远的，杨逍功夫又高，灭绝未必监控得到，她便逃出生天了。不过这是不怎么光明的手段，对师父尤其不尊重，所以纪晓芙放弃了，去追寻她不悔的爱情去了。

再深一点讲，当然是丁敏君搬弄口舌，在师父面前曝出纪晓芙的隐私，说出她和杨逍的关系，才让灭绝起了美人计的念头，引出后面的祸端。丁敏君为什么要害纪晓芙呢？因为师父灭绝师太经常赞纪晓芙剑法狠辣，性格刚毅，最像她自己，所以隐然有将衣钵传授的意思，丁敏君暗暗心生妒忌，起了加害之心。

不过丁敏君本来还是有一线希望的，因为峨眉派的规矩，掌门人的位置一定要传给女子，男子是没有份的，即便是出了阁的妇人也不能指望，而纪晓芙一开始就由父亲许配给了武当六侠殷梨亭。殷六侠是名门正派弟子，身份尊贵，人才出众，和纪晓芙正是天生一对，只等他们俩拜了天地，纪晓芙自然就退出了掌门人的竞争队伍。

谁曾想，纪晓芙被明教左使杨逍抓去关了一阵之后，对和殷六侠的婚事，就左推右挡，今天推明天，明天推后天，死活不肯成婚。甚至在丁敏君苦苦相逼之下，她找借口说，峨眉派不出嫁的女子多得很，她就是不想嫁，终生做个老姑娘。丁敏君一听，立刻心中火起，倘若被纪晓芙如此蒙混过关，一边生了私生女，一边假装守身不嫁，师父一时不察，当真将大位传了给她，叫她这个做师姐的怎么咽得下这口气？

纪晓芙和丁敏君一起去追明教的彭和尚，要从他身上找出金毛狮王谢逊的下落，彭和尚被她们制住，却讲义气，死也不说。丁敏君逼纪晓芙去刺瞎彭和尚的眼睛，说如果她不刺，就曝出她的丑事来。其实刺不刺彭和尚，丁敏君当时自己手好脚好，何必一定要纪晓芙动手呢？无非是借机发难罢了，就算当日纪晓芙服软，当真去刺了彭和尚的眼睛，她日后也定要找几个“彭道士”、“彭书生”来找纪晓芙的晦气。所以纪晓芙这件事情，只要有丁敏君在一日，就必定掩不过去。

其实纪晓芙心中早对峨眉派掌门之位，不作他想，只可惜，纪晓芙不想做掌门，却因对掌门之位有竞争而死。正所谓“匹夫无罪，怀璧其罪”，这句话其实是职场中人都需要铭记在心的。像丁敏君这样有上进心，并且有爆发力的同仁，可不少。这样的人就好像曹操，宁可杀错，不可放过，宁可我负天下人，不可天下人负我，谁做了他前进路上的绊脚石，或者谁有可能成为他的绊脚石，一律杀无赦。要是身边有这样杀气腾腾的同事存在，千万不要让他误以为你是他的竞争者，不然莫须有的罪名将会一再地背上身来。有心跟“丁敏君们”死抗到底的人，且先祝他们一路走好，无心恋战的，还是早早表明心迹，让“丁敏君们”早日转移目标，也好保得自己一时的平安。

峨眉派的职场环境如此恶劣，让人如履薄冰，步步惊心，虽然说丁敏君一颗老鼠屎坏了一锅汤，但是掌门人灭绝也难辞其咎。灭绝性子乖僻也就算了，做了这么多年掌门人，一点管理艺术都没有，一次次地把心爱的弟子、看上的接班人往刀口浪尖上推，从来不知道保护她们。

纪晓芙、周芷若也许的确是有天分的好徒弟，但是从她们出场的时候看，她们的武功、人品、才德和功绩都还远远没有达到能够服众的地步。在这个时候，灭绝师太也许是在平时教武功的时候觉得这两个女弟子学得比较快，聪明省心，就天天赞不绝口，连“本派的光大，恐怕要着落在她身上”这样惹众怒的话都说出来了，简直就是有心树靶子，指挥其他失意、失宠的女弟子们有什么招数有什么脏水都往这两个人身上招呼。

说到这里，忍不住又要说康熙。他的太子刚出娘胎就立了，后来很不成器，为什么呢？一来太子自己不争气，二来太子周围有很多心怀叵测的人，有意无意地把太子往歪路上引，就盼着他做点什么错事，好让人抓住把柄，到皇帝面前打小报告。在这样的环境下，太子挣扎了几十年才被人彻底整垮，已经很不容易了。当然他后面有强大的支撑。后来康熙想明白了这个道理，再不立太子，只悄悄把继承人的名字藏在牌匾后面，也是没有办法之下的无可奈何。不然一透出口风，就是树立一个新的靶子，没一刻消停，也没有一个人能全身而退。

栽培一个人不一定要大张旗鼓，开会通报公司上下，宣布某某人将会走红。栽培一个人也不一定要把所有的好机会都给予他，重点项目也交给他，虽然人是需要这样成长的，但是从另一个方面来讲，又会有不利因素。因为人有弱点，有虚荣心，长期成为焦点，成为培养对象，难免会自高自大，失了一颗平常心，就好像康熙的太子一样。或者就会被周围的明枪暗箭扎成一个刺猬，自己不犯错总会有人替他制造错误。

所以说，虽然峨眉派的职场环境非常恶劣，丁敏君有问题，但是灭绝师太如果是个高明的领导人，本来是可以消弭这个问题，保护自己心爱的徒弟的。当年顺治宠爱董鄂妃到了敢违逆孝庄太后的意思，把皇后废了，要立董鄂妃为后。董鄂妃就很聪明，跟皇帝说："你难道想把我放在炭火上烤吗？"董鄂妃真是深谙后宫生存之道，而现在流行从后宫争斗学习职场生存，所以这一个典故是领导和员工都要记住的。

以退为进的战术思想

峨眉派的弟子们没有看过《甄嬛传》，也没有机会聆听董鄂妃的肺腑之言，所以灭绝师太依旧咋咋呼呼地夸小徒弟，丁敏君也像一个超级小玛丽，打不完的敌人过不完的关。时光流转，当年的纪晓芙事件在几年之后，再次上演。

丁敏君年纪越发大了，功夫却没有丝毫长进。连新进门没几年的小师妹周芷若，都已经胜过她了。而且灭绝师太的脾气也还是没有改，见了哪个徒弟表现稍微好一些，就喜不自胜地夸奖她是个练武的奇才，日后峨眉派的发扬光大，只怕要着落在她的身上，一句话又把这个小姑娘推上了前台，推进了旋涡的中心。

丁敏君倒是有一招，叫以不变应万变，仍是指使周芷若去打殷离。只不过另一个女主角换了人，周芷若不是纪晓芙，周芷若也许不如纪晓芙剑法狠辣，性格刚毅，却比纪晓芙多些心眼。她是小师妹，武功已经胜过了师姐，师父又疼爱她，她却一点也不违逆丁师姐的意思。师姐叫她去打殷离，她二话不说，上去就动手，打了二十来招，寻个机会假装受伤，全身而退。

后来丁敏君看破她和张无忌之间有些暧昧情愫，如获至宝，在大庭广众之下揭发出来，使得灭绝师太对周芷若也起了疑心。偏生张无忌不知道避讳，在比武中夺下了灭绝的倚天剑，还交给周芷若让她还给灭绝。

周芷若望向师父，只见她神色漠然，既非许可，亦非不准，一刹那间心中转过了无数念头："今日局面已然尴尬无比，张公子如此待我，师父必当我和他私有情弊，从此我便成了峨眉派的弃徒，成为武林中所不齿的叛逆。大地茫茫，教我到何处去觅归宿之地？张公子待我不错，但我决不是存心为了他而背叛师门。"忽听得灭绝师太厉声喝道："芷若，一剑将他杀了！"

书上说周芷若拜入峨眉派七年多，深受灭绝疼爱，这七年之中，师父的一言一动，于她便如是天经地义一般，心中从未生过半点违拗的念头，这时听到师父蓦地一声大喝，仓促间无暇细想，顺手接过倚天剑，手起剑出，便向张无忌胸口刺了过去。

周芷若刺伤了张无忌，临去之时目光流转，飞霞扑面，仿佛对张无忌道歉，而张无忌亦微微点头致意，表明自己明白周芷若的心意，虽然吃了一剑，但绝不怪她。但是从周芷若接过张无忌递过来的倚天剑，回头看了一眼灭绝，心里转过的第一个念头来看，就算她不是对师父的命令做出下意识的反应，让她回家苦苦思索三天三夜再做决定，这一剑，势必还是刺他没商量的。因为周芷若不是纪晓芙，纪晓芙性格刚毅，宁折不弯，说不干就不干，丁敏君逼她她不干，灭绝逼她她还是不干，还公然给女儿取个“不悔”的名字，昭告天下。女人有时候爱到太深，做事太尽，就会不顾后果，只顾自己的心，却不理这样一来，峨眉派与武当派面目扫地，明教与峨眉、武当两大宗派的梁子结得更深，日后武林那一场场浩劫，更难解开。纪晓芙不杀明教好汉，但后来明教许多好汉却因她而死，不知道纪晓芙灵下有知，会不会觉得自己有些欠思虑呢?

而周芷若不同，她绝不会公然和师姐、师父反目，拂逆她们的意愿。让她打殷离她就打，不过假装自己受伤而已，让她刺张无忌她抬手就刺，只不过咫尺之间，她选择了刺中右胸而非左胸。张无忌重伤却不至死，而她也不会就此成了峨眉派的弃徒。

佛经中有一句话说，“空有妙用”，这句话用在武功上，就是老顽童的七十二空明拳。周伯通被黄药师关在桃花岛的洞里，走又走不脱，打又打不赢，要死不活地住了十年，突然之间领悟到一点武学妙旨，就是以虚击实，以不足胜有余。

这个道理，据说是来自老子《道德经》中说的：“埏埴以为器，当其无，有器之用。凿户牖以为室，当其无，有室之用。”大部分人跟郭靖一样，不明白这句话的意思。不过周伯通后来打的比喻很好，周伯通顺手拿起刚才盛过饭的饭碗，说道：“这只碗只因为中间是空的，才有盛饭的功用，倘若它是实心的一块瓷土，还能装甚么饭？”郭靖点点头，心想：“这道理说来很浅，只是我从未想到过。”周伯通又道：“建造房屋，开设门窗，只因为有了四壁中间的空隙，房子才能住人。倘若房屋是实心的，倘若门窗不是有空，砖头木材四四方方的砌上这么一大堆，那就一点用处也没有了。”郭靖又点头，心中若有所悟。周伯通道：“我这全真派最上乘的武功，要旨就在‘空、柔’二字，那就是所谓‘大成若缺，其用不弊。大盈若冲，其用不穷。’”

郭靖听得若有所思，周伯通又说：“像你师父洪七公那样，外家功夫练到像他那样，只怕已到了尽处，而全真派的武功却是没有止境，像做哥哥的那样，只可说是初窥门径而已。当年我师哥赢得‘武功天下第一’的尊号，决不是碰运气碰上的，若他今日尚在，加上这十多年的进境，再与东邪西毒他们比武，决不须再比七日七夜，我瞧半日之间，就能将他们折服了。”这话显然有吹水的嫌疑，不过王重阳已经死无对证了，而且中国人向来尊重先逝者，所以姑且认为周伯通所言非虚吧。不过在后来的情节里，周伯通这“空碗盛饭”、“空屋住人”的空明拳，的确是一种奇妙的武功，打败了许多高手。

而“空有妙用”这句话，用在人生经历上就是说，愈想得到一件东西，就愈要放弃，反而会因此得到意想不到的东西。孔融让梨的故事，说的是孔融因为自己年纪小，所以要将大梨让给年长的兄弟，因此博得了千古美名。孔融放弃了自己可能得到的更大的梨，却成就了自己恭谦礼让的形象，也许他是出于真心，但是有心者学到这个道理，自然就能假装，或者故意让梨，以完成自己在他人心目中的形象。

掌门人这个位置，既是一个机会，也有可能是陷阱，一不小心就踩到了地雷。面对掌门人这个位置的诱惑，仿佛丁敏君一样奋身扑上去，处处表现自己，处处争先出头，老掌门可能认为你功利心太重，是个争名夺利的小人。你如果假装清高，高高挂起，当真置之度外，也可能老掌门就此忽视了你的存在，从此为了你着想，再不将你列入候选人名单，悔之晚矣。最好的办法就是用空明拳，首先是“空”，不争，对宝座没有觊觎之心，只有对本门派的拳拳忠心；其次是“柔”，逆来顺受是在旋涡中生存的最佳办法。刺张无忌又怎样？在灭绝师太面前发下毒誓，“小女子周芷若对天盟誓，日后我若对魔教教主张无忌这淫徒心存爱慕，倘若和他结成夫妇，我亲身父母死在地下，尸骨不得安稳；我师父灭绝师太必成厉鬼，令我一生日夜不安，我若和他生下儿女，男子代代为奴，女子世世为娼。”又怎样？等周芷若坐稳了峨眉派掌门的位置，第一件事情就是要和张无忌成亲，谁敢说个不字？武林泰山北斗张三丰还要送一副“佳儿佳妇”的字来。那毒誓早就当没发过一样了。

所以做打工仔，在分寸的拿捏上真是一门大学问，恰如其分是最好的生存之道。而在必要的时候，以退为进，更是有长远的利益收获。

纸上谈兵和欲速不达

学武功有两个办法，一个是有师父教，虽然说师父领进门，修行靠个人，但是师父的教育是否得法，也是非常重要的一个因素，如果师父不懂得教，那良质美才也会被浪费掉。就好像郭靖，虽然反应比一般人慢一点，但是从他后来达到的高度来看，他的的确确是个练武的奇才。当然也好在日后黄蓉替他找了个会教的师父洪七公，否则他这一辈子的功夫，恐怕连江南七怪的高度都达不到。或者这个师父也可以不是人，是猴子，是大雕，都行，只要他会教，也一样能教出像样的徒弟来。

还有一个办法，是自学。当然不是自己在家对着镜子比划，空想就能练出武功来的，有些苦命的孩子，没有师父教，但是天可怜见，平白送了一本武功秘笈到他手里，于是对着书照样画葫芦，也一样能练成一身功夫。

不过金庸知道，这样从书上看来的武功，都有一个弱点，就是纸上谈兵，没有实战经验。所以等主人公在山洞里练完了功夫，读者们兴致勃勃等着他一鸣惊人天下知的时候，往往只听得“扑哧”一声，主人公被江湖上的二流角色蒙头打了一顿。因为书上说的武功虽然精妙无比，但是毕竟不同于实战，所以一战就败。

纸上谈兵到了极致的一个人，其实是个饱学之士，名字叫段誉。他在无量山的山洞里得到一幅卷轴，上面有一套极为巧妙的步法，取名“凌波微步”。段誉被人抓住关在小屋里，想逃出去，就在小屋里来来去去，把这套逃命的步法练得精熟。他又仔细研究了屋里的地形摆设，心里想好战略，只等送饭的人一来，他只需这么斜着歪走几步，就可以绕开送饭的人，抢出门去，从此逃出生天，不用关在小屋里做老白脸了。

等到行动的那一天，段誉乒乒乓乓把送来的饭菜倒在送饭人的头上，三步两步，就抢出门去。“不料郁光标正守在门外，听到仆人叫声，急奔进门。门口狭隘，两人登时撞了个满怀。段誉自‘豫’位踏‘观’位，正待闪身从他身旁绕过，不料左足这一步却踏在门槛之上。这一下大出他意料之外，‘凌波微步’的注释之中，可没说明‘要是踏上门槛，脚下忽高忽低，那便如何？’一个踉跄，第三步踏向‘比’位这一脚，竟然重重踹上了郁光标的足背，‘要是踏上别人足背，对方哇哇叫痛，冲冲大怒，那便如何？’这个法门，卷轴的步法秘诀中更无记载，料想那洛神‘翩若惊鸿、婉若游龙’的在洛水之中凌波微步，多半也不会踏上门槛，踹人脚背。段誉慌张失措之际，只觉左腕一紧，已被郁光标抓住，拖进门来。”

段誉一步踩在门槛上，书上没说怎么办，于是他精打细算了几天的如意算盘就此打得粉碎。后来段誉靠着这套步法行走江湖，逃过了不少追杀，因为敌人无论从何处下力，都伤不了他分毫，他的身形总是在最不可思议的地方出现。但是段誉第一次用这套步法吃的亏，他老是不能记在心上，所以他书呆子学武功，总是不能活学活用。有好多次，他睁开眼睛，看见刀剑乎乎地往自己身上招呼，心里一害怕，或者想躲开劈过来的刀剑，脚下立即出错，就要受伤。他的帮手叫他蒙上眼睛，不看敌人的招数，只管自己走自己的路，便毫发无伤。

纸上谈兵谈到段誉这个境界，也算是登峰造极了。纸上谈兵的经验，其实我们人人都有，只不过不如段誉这般有娱乐性罢了。想当初我们七八岁上小学，一直上到二十出头，基本上从记事开始的记忆就是在学校学习。可是学校学来的知识都只是基本的道理，到社会上工作的时候，一开口就背诵教科书上的言论，宽容者会笑笑说一声“学生腔”，不宽容者便会骂这是纸上谈兵，是毫无实际能力的表现。不过有些人被人多骂了几次“纸上谈兵”之后，从此就恨上了书本，再也不肯多瞧一眼。尤其有了几年实际经验，自以为已经很懂行的时候，再建议他去看书，他往往就会回答一句：“我都能写一本了，还看？”

举这两个例子，说明一个问题，就是书是什么时候都要读的，怕人说纸上谈兵，就读完之后跨出门槛去练练。多摔几个跟头，踩几次脚背，慢慢地也就好了。而有了实战经验，也不能忘了读书，从书上读点理论，跟人理论的时候，也好唬一唬人。

还有一个从书上学武功学出事来的，大家一般都不把罪归到书上，那就是峨眉派的掌门人周芷若。虽然灭绝师太一直夸周芷若有天分，但是一开始她的武功实在稀松平常。不过灭绝师太把掌门人的位置传给她的时候，也传了一个秘密给她，叫她日后有机会，拿到倚天剑和屠龙刀，刀剑互砍，取出刀剑内藏着的兵法和武功秘笈。灭绝师太向她交代说：“那武功秘笈便由你自练。降龙十八掌是纯阳刚猛的路子，你练之不宜，只可练《九阴真经》中的功夫。据我恩师转述郭祖师的遗言，那‘九阴真经’博大精深，本来不能速成，但黄女侠想到诛杀鞑子元凶巨恶，事势甚急，早一日成事，天下苍生便早一日解了倒悬之苦，因之在倚天剑的秘笈之中，写下了几章速成的法门。可是办成了大事之后，仍须按部就班地重扎根基，那速成的功夫只能用于一时，是黄女侠凭着绝顶聪明才智，所创出来的权宜之道，却不是天下无敌的真正武学。这一节务须牢记在心。”

后来，周芷若拿到了倚天剑和屠龙刀里的书。但是她一个小姑娘，本没有什么家国之忧，所以她并没有照灭绝师太说的那样，去寻一个心地仁善、赤诚为国的志士，将武穆兵法传授于他，要他立誓“驱除胡虏”。当然，这个人照当时的情况看，也只有明教教主张无忌当之无愧，可是周芷若心中有鬼，不敢把这套兵法传给他，也是情有可原。不过她自己练的功夫，既然不是为了去诛杀元凶，便不用去学黄蓉写的那几章速成的法门，大可以召集了峨眉派的门徒，躲回峨眉山去清清静静按部就班地练那《九阴真经》。

只可惜，有一个速成的法门放在眼前，只需要几个月的时间，立时可以名动江湖，先前峨眉派受辱，自己在婚礼上被张无忌不顾而去的耻辱，还有自己恨之入骨的那个小妖女赵敏的命，都可以一股脑地了结了，纵使心机深沉如周芷若，也终于沉不住气了。

女人沉不住气，好像是个通病。美国有个叫玛莎·斯图尔特的人，她当年可不一般，最初是个家庭主妇，后来打造了一个叫玛莎·斯图尔特的传媒王国，打着她名字的餐具、家具，在全世界各地的商场里熠熠生光。她是全美国家庭妇女的偶像，她优雅的形象频频出现在财经杂志的封面。

但是，自从“英克隆门”后，玛莎已经被讲求道德完美的美国人唾弃至死，都说她是骗子，戴着假面具。玛莎欺骗了大家什么呢？玛莎从前男友兼女儿的现任男友、英克隆公司总裁塞缪尔·瓦索那里得到独家内幕消息，英克隆公司将有不利消息传出，于是她提前抛售了英克隆公司股票。果然，第二天英克隆公司股票大跌，玛莎此役止损23万美元。不过，她却从此陷入媒体和司法调查的泥沼。

玛莎虽然号称美国第二女富豪，是叱咤商界的女强人，但是见到如此滔滔阵势，也不免乱了手脚，一个谎话接着一个谎话，前言不搭后语。美国新闻界虽然不以八卦著称，但寻根究底的本事却与FBI一脉相传，玛莎说一个谎，他们就戳穿一次，终于在事发三年之后，如愿将玛莎送入了监狱。玛莎因此被迫辞去了公司主席和CEO的职务。

玛莎其实也有点值得同情，这不是说她这样做是对的，利用内幕消息操纵股票交易，放在哪个国家都说不过去，何况是最痛恨商业欺诈、法制完备的美国。只是，从人的角度设身处地地想，明知手里的4000股股票明日一早必定狂跌，试问世界上有几个人能经受得住如此考验，不打那通抛售的电话？

令人略感欣慰的是，经过牢狱之灾，玛莎更加成熟、淡定，2005年出狱之后便全面回归，2006年公司恢复了盈利，2012年她重新成为了公司的董事长，并出版了几十本书。

舍小利，取大义，看来这句话的确是说起来容易做起来难。周芷若如果能忍住不练速成法门中的阴毒功夫，也不至于后来身败名裂，辛辛苦苦一场，终究一无所得。

聪明反被聪明误

小时候看三国，每每看到魏延一掀帐门，带进一股妖风，扑哧一下将孔明的七星灯给吹灭了，就匆忙掩卷，不忍心再读下去。假装看不到后来诸葛亮秋风五丈原的悲情，自欺欺人。后来有一套很流行的电脑游戏叫《三国志》，很得玩家的欢心，风行一时。东汉末年，三国鼎立，群雄竞起，自己也带兵遣将，快意恩仇。每次抓到魏延，二话不说，手起刀落就把他的脑袋砍了，感觉自己是替天行道，帮诸葛亮出了一口鸟气。后来杀人上了瘾，抓到大枭雄曹操，几次劝降不成，心头火起，也拉出去斩了。老玩家劝说，这样杀人会导致将士的忠诚度下降，民心不齐，不如放了。“放了？难道等他东山再起，又挥兵回来跟我血战？费那么多事，还是快刀斩乱麻，一了百了，永绝后患的好。”我说。

《三国志》里杀曹操，带给我们改变历史的无比快感，但是当真有个心腹大患抓到眼前，这一刀是砍还是不砍，估计不少人像《雪山飞狐》结尾的那一刀一样，举棋不定，左右为难。有些聪明人很看不起这样杀人越货的血腥做法，一点技术含量没有，觉得依靠自己天下无敌的头脑，能想出一个比杀人更有效，更安全，更没有后顾之忧的万全之策来。

《鹿鼎记》的开始说的是清朝初期的一件惊天“文字狱”大案。浙江湖州有个大富之家姓庄，大少爷名字叫廷珑，读书太多读瞎了眼睛。突然有一天大少爷得了一部书稿，是大明朱国桢相国写的《明史》，他叫门下清客读给他听，听完之后突然想仿效左丘明盲眼作《左传》的美事，把这部人家写的明史，自己删删减减，又请了许多饱学之士来修订润色，作成了一部《明书辑略》，写完就去世了。庄老爷心痛爱子，把这部书刊印出版，作者的名字当然写上爱子庄廷珑。

也是乱世之时，该当小人得志，君子遭祸。湖州归安县的知县姓吴名之荣，在任贪赃枉法，百姓恨之切齿，终于为人告发，朝廷下令革职。吴之荣做了一任归安县知县，虽然搜刮了上万两银子，但革职的廷令一下，他东贿西赂，到处打点，才免得抄家查办的处分，这上万两赃款却也已荡然无存，连随身家人也走得不知去向。他官财两失，只得向各家富室一处处去打秋风。

他到了湖州庄家，投其所好，说了几句奉承这部《明书辑略》的话，庄老爷大喜，送了一部书，书里夹满了金叶子给他。这个贪官大喜之下，为了讨好庄老爷，当真认真读起这本书来。一读之下，读出了一个大问题，原来这部书的编年，仍以明历，乃至入关之后，书中于乙酉年书作“隆武元年”，丁亥年书作“永历元年”，那隆武、永历乃明朝唐王、桂王的年号，作书之人明明白白是仍奉明朝正朔，不将清朝放在眼里。吴贪官如获至宝，连夜去杭州将军府告状，以期能立下大功，或者官复原职，甚至连升三级都不一定。

将军府的幕僚程维藩看到了诉状，吓得灵魂出窍。他知道这件事非同小可，赶忙去见庄老爷，还给他出了一个主意，一面派人前赴各地书铺，将这部书尽数收购回来销毁，一面赶开夜工，另镌新版，删除所有讳忌之处，重印新书，行销于外。官府追究之时，将新版明史拿来一查，发觉吴之荣所告不实，便可消一场横祸了。

庄老爷早就吓得魂飞魄散了，一听之下连忙受教，照着程幕僚说的办法办了。吴贪官等了大半个月没消息，上街一看，原来庄家已经出了新版明史。贪官一见，就跟庄家拧上劲了，你出新版，我就找旧版，你四处打点，我就四处贴状纸，就不信告不倒你。庄家的银子流水一样花出去贿赂打点，但是敌不住吴之荣在北京大街上贴大字报，天子脚下说有人谋逆，最后终于震动了顾命大臣鳌拜，惹起了一场惊天大案，牵连冤死的人无数，天下士子寒心。

这件事情其实全怪幕僚程维藩自以为聪明，想到了一个好主意，其实他这个主意只是治标不治本，并且是全天下最复杂最难办的一个主意。旧书早就流传于坊间，要全部收回来，一本不剩，哪有那么容易。别的不说，吴之荣手中分明拿了一本旧版明史当宝贝，这本书，他收得回来吗？所以，所谓的收旧版，发新版，其实都不是要紧的事，最要紧的是要把那个祸事的源头掐断，只要把吴之荣干掉，暂时没有人发现这个问题，想利用这个问题作文章上蹿下跳地告状，其他事情慢慢再做不迟。

庄家为了平息这场祸事，花了大把的银子，可惜都没有花在刀刃上。如果拿这些银子请一个武林高手，买凶杀人，神不知鬼不觉地杀了吴之荣，一场祸事就这么简单地消于无形了。纵使后来有人知道庄家杀了人，摆平一件杀人官司，可比摆平一件谋反官司，容易得多了。

程维藩是个文人，有时候看书看得多了，想问题一想就复杂了，算是文人习气。偏偏有个习武的女子，向来人们都说她心机深沉，也会犯同样的错误。灭绝师太叫周芷若色诱明教大魔头张无忌，找机会下手拿到倚天剑和屠龙刀，取出兵法和武功秘笈。

周芷若做小姑娘的时候温柔体贴，很是可爱，做了峨眉派弟子之后，依旧温柔，但总是故意表现得柔弱无助、懦弱没有主见的样子，当然这都是假装的。反正她骗过了所有人，娇娇弱弱地跟张无忌、赵敏、殷离，还有谢逊，带着倚天剑和屠龙刀到了一个荒岛。周芷若终于有机会下手，在众人的食物中下了十香软筋散，趁着大家手软脚软，沉沉睡去的时候，在殷离脸上划了好多刀，把赵敏扔到船上，让她在大海里自生自灭，又把自己的头皮削了一块，切了半个耳朵演苦肉计，嫁祸给赵敏。

这条计策乍看起来非常阴毒，而且也颇有成效，一开始张无忌在岛上气得直跳脚，破口大骂赵敏是个蒙古妖女，恨自己被美色迷惑，酿成了大祸。但是赵敏没死，她这个指挥大批好手、敢和整个中原武林作对的绍敏郡主，哪里咽得下这口气，当然竭尽全力要揭发周芷若的阴谋，洗清自己的冤枉。周芷若一路与张无忌、谢逊同行，总是找机会要对谢逊下手，终不能得。后来周芷若练了《九阴真经》里的速成法门，以为自己的功夫足可与张无忌一战，在屠狮大会上带着峨眉派门人高调出场，众目睽睽下要用九阴白骨爪抓死谢逊，自己揭发了自己坏人的身份。谁知道天下武林之大，强中更有强中手，一个身着黄衫的古墓派传人突然冒出，学的《九阴真经》比她全，三招两式将她拿下，从此周芷若成了一个人人唾弃、无情无义的卑鄙女子。

所以这条计策看似妙计，实则无用，缺点是坏事做得不够彻底，自以为天衣无缝，实际处处是破绽，无异于自掘坟墓。她不杀赵敏，而是将其迷晕了扔到船上，逼波斯人把船开走，才好嫁祸给她。但赵敏只要活着一日，就是一个祸患，何况扔一个迷昏了不知动弹的赵敏上船，和扔一个断了气的赵敏上船，不过多费戳一剑的工夫，后果却有天壤之别。她有那么多工夫在一个病到痴痴迷迷的殷离脸上画花，倒真不如多在赵敏胸口戳一剑。

当然最简单最没有后患的做法，是在下了十香软筋散之后，把岛上大小人等一起杀了干净，到时候提着"大恶人"金毛狮王谢逊的人头，身上揣着无敌武功秘笈，想好一套完美无缺的海外历险记，风风光光回归中原。这样不但没有后顾之忧，更可成为为武林除害的女英雄，风头赶得上跳水金牌获得者，总好过后来三番四次搞偷袭不成功，灰头土脸。也许周芷若心里喜欢张无忌，不舍得杀情郎，那也大可留下张无忌，只杀了谢逊，反正这些坏事都是栽到赵敏头上的，一股脑做尽了，反正按照我们这个简单法则，赵敏也已经死无对证了。为什么要留下谢逊？周芷若心软？从后来周掌门的所作所为来看，此小女子绝非一个面薄心软下不了手的人。所以一切理由就是，周芷若以为自己的计策已经万无一失，不用杀人也没有破绽了。

有一句话，金庸从来没有说过，但是古龙经常说，就是"只有死人，才不会泄露秘密"。所以古龙笔下的坏人，安排下的奸计总是比金庸的要不可思议，因为那里面有太多死人替坏人保守着秘密。而金庸心存仁厚，他笔下的人智计过人，安排下圈套想叫活人也百口莫辩。但是从事后分析来看，越复杂的计划，破绽越多，没害到别人，反而害了自己，这就应了那句话："机关算尽太聪明，反误了卿卿性命。"

第六章　性格决定命运的孤独CEO黄药师

桃花岛主黄药师是天纵奇才，琴棋书画无不精通，五行奇门之术天下无双，一身魏晋风骨，一派世人皆醉我独醒的姿态，是很多女性武侠爱好者的偶像。但是他我行我素，以自我为中心，对武学贪得无厌。他本来离幸福很近，有一个聪明、情投意合的妻子和一个机灵可爱的女儿，一家人住在繁花似锦、美如仙境的岛上，好不快活，可是他的贪念最终毁了这一切。

合力才有真威力

诸葛亮经过《三国志》《三国演义》以及一系列民间传说、电视作品的美化，已经成了一个中华民族智慧的象征，成为一个战无不胜的军事天才。任何一个人都可能对军事史不熟悉，但是任何一个中国人都知道诸葛亮用兵如神，在打仗的时候喜欢用机谋，而不是你扯一杆大旗我挥一把大刀的傻大兵。当然他老人家也是因为兵稀将少又要跟魏国这样强势的对手对阵，不得已而为之。不管怎么说，他让我们这些后人对于以少胜多，有机谋比有兵力更重要，有了更多不切实际的期待和幻想。

诸葛亮的兵法留给我们的一个文化遗产是，原来打仗是有阵法的。把一些石头摆在地上，敌人进了阵，就能把他们困在里面动弹不得，煞是神奇。现在八卦阵遗址是一个旅游景点，在一些不相干的公园里也有所谓的诸葛亮八卦阵。好大一片木桩子，阵前挑一面旗子，上面写着进入八卦阵出不来者后果自负之类耸人听闻的话，吓得好些小孩站在阵前想进又不敢进，一脸的犹豫和向往。

这些用来娱乐大众的八卦阵且不论真假，但是据说诸葛亮的八卦阵事实证明有效之后，阵法成了正规战将的必修之课。《射雕英雄传》里有一部岳飞留下的兵书《武穆遗书》，书里就有许多神奇的阵法。得了这本书，郭靖一个傻小子，在蒙古带兵打仗，立下汗马功劳，后来又是靠了这本书，义守襄阳几十年，以大宋孱弱的兵力对抗蒙古倾巢而出的铁骑，竟然也苦苦支撑许久，可见阵法之妙用。

金庸对传统文化和历史的研究极深，许多看似不相干的东西信手拈来，就是一门神奇的武功。阵法既然可以用在兵法上，自然也可以用在武功上，在金庸的作品中，同门结阵、共同击敌的场面出现的次数着实不少。两仪剑，五行阵，打狗阵，阵阵有出处。而这些阵法中，来龙去脉、阵法演变解释得最清楚的，当数在《射雕英雄传》和《神雕侠侣》两部书中都曾经出现过的全真派北斗阵。

这天罡北斗阵是全真教中最上乘的玄门功夫，王重阳当年曾为此阵花过无数心血。小则以之联手搏击，化而为大，可用于战阵。敌人来攻时，正面首当其冲者不用出力招架，却由身旁道侣侧击反攻，犹如一人身兼数人武功，威不可当。桃花岛时运不济，《射雕英雄传》里全真七子只要摆起北斗阵，不是对付梅超风就是对付黄药师，以至于到了《神雕侠侣》，全真教巴巴地摆了一个四十九人的超级无敌天罡北斗阵来对付来攻的敌人，也能误打误撞地打到桃花岛女婿郭靖身上。

北斗阵望文生义，就是按照北斗星座的形状七个人守定位置，内力相连。在全真七子还齐全的时候，他们用北斗阵来对付梅超风。马钰位当天枢，谭处端位当天璇，刘处玄位当天玑，丘处机位当天权，四人组成斗魁；王处一位当玉衡，郝大通位当开阳，孙不二位当摇光，三人组成斗柄。北斗七星中以天权光度最暗，却是居魁柄相接之处，最是重要，因此由七子中武功最强的丘处机承当，斗柄中以玉衡为主，由武功次强的王处一承当。全真七子以静制动，盘膝而坐，击首则尾应，击尾则首应，击腰则首尾皆应，牢牢地将瞎了眼睛的梅超风困在阵中，走也走不得，降又不能降，只能哇哇乱叫，好生痛苦。

黄药师上来跟全真七子一言不合，也是动手就打。以黄药师的武功，一旦陷入了这个北斗阵，从半夜打到天亮，一连换了十三套奇门功夫，终究无法取胜，最后黄药师脚下踏着八卦方位，使上了自己最上乘、轻易不出手的功夫，比上了内力，转眼就是两败俱伤的下场。好在西毒欧阳锋沉不住气，突然出手打死了谭处端，破了北斗阵，也帮黄药师脱了困，只是自己背上了杀害谭处端的罪名，真是毫不利己、专门利人的一个好同志。

现在国内有一个很喜欢拍金庸作品的制片人，他拍的《神雕侠侣》中，重阳宫前全真教四十九个人摆开了北斗大阵，摄影机从天空俯摄，荧幕上顿时出现了好大一个太极图的形状。真该叫全体认识字的中国人都写“北斗”两个字送给该制片，问他究竟是否知道这两字的含义。而实际上，全真道人以星象布阵，任意两个北斗阵之间，相生相克，互为犄角，道士们或前或后，阵法变幻，敌进阵进，敌退阵退，这样巨大的一个阵法，已经几乎可以和兵法相媲美了。

这样的阵法在金庸的小说里有不少，但是笼统来说，有一个原理是相同的，就是相生相克，互相牵制，互相援手。在《射雕英雄传》里，桃花岛老是被人用阵法来对付，也不是没有理由的，因为这“互相牵制，互相援手，共同进退”的特点，恰恰正是桃花岛岛主和桃花岛武功中最缺乏的一个特点。

桃花岛主黄药师天纵奇才，恃才傲物，眼睛里从来看不起这些凡夫俗子，只想做一个特立独行于江湖山水之间的独行侠。他我行我素，从不在乎世人的眼光，因此他所创下的桃花岛一派的武功，自然也是以自我为中心，天地之间茕茕孑立，不与他人为伍。他精研五行奇门之术，对阵法的研究造诣想必更精深，但是他的阵法是用花木、山石等天然之物形成，却非用人。黄老邪一生独来独往，胜便胜了，输便死了，若需要他人之力活命，岂非坠了名头。他是这样，教出来的徒弟也是这样。欧阳锋这个恶汉尚有几个打手相帮，梅超风死了她的贼汉子之后，便经年一个瞎婆子行走江湖，好不凄凉。

你要特立独行，但别人自可以众志成城来打你。桃花岛出门遇北斗，也算是天理循环，相生相克的一个表现。当然像黄药师这样的行为，在小说里看起来会比较酷，实际上现代商业社会更提倡的是符合阵法精神的“合理分工，合理布局”。

为什么足球能成为世界上最受人热爱的一项运动？足

球的攻防也成为一种美学，一项艺术，甚至发展出很多理论来？因为足球的攻防和兵法的运用一样，本质同源，总不出相生相克这四个字。足球场上有前锋、中锋、后卫、左中锋、右边卫，林林总总，每个人都站定一个位置，在一个排阵中起一个作用，十一个队员互相牵制，互相支援，和北斗阵只不过是名称不同罢了。

事实上，现在每个企业、组织，都一定是由各个部门共同组合而成，要做成一件事情，一定要各方配合，或者至少其他方面不太拉后腿。很多公司里面独当一面的能人，其实也都有自己的团队和关系网络支持。近年内地的企业流行请“空降兵”，就是找来一些知名度很高的职业经理人。但是，实际工作之中，这些职业经理人身居要职，年薪数以百万计算，却往往在新地方不能做出表现。原因通常在于他们不能融入新的企业组织，未能够发挥团队的力量，只能流于表面，这样时间一长，再能干的人也被风干，遭遇搁浅。教训还是很深刻的。

黄药师精通阵法，让他来做足球教练，估计是没有问题的，但是他手下的队员，不能是桃花岛的门徒，而应该是习惯了分工合作、共同进退的全真弟子，这场武林足球才能踢得赢。

人心不足蛇吞象

黄药师是很多女性武侠爱好者心中最热爱的偶像。郭靖有点傻乎乎，除了黄蓉没几个正常姑娘看得上他；段誉是个小白脸，虽然出身比较好，但是做起事情来呆气十足，有些不靠谱；杨过相貌俊美，武功高强，用情专一，可惜性格有点偏激，动不动觉得自己受了委屈，一般女孩子也受不了他；乔峰英雄无敌，但其实是个粗心大意的粗人；虚竹太丑；张无忌太没有主见；韦小宝太过狡猾。想来想去，还是黄药师在桃花岛上，漫天花影里吹一曲《碧海潮生曲》的鳏夫形象比较受欢迎。

金庸对黄药师也挺偏爱的，《射雕英雄传》里黄药师第十四回才出场，但是前面已经无数次提到他，任何人说起他，便说他武功如何如何深不可测，行为神出鬼没。更有一个鬼怪精灵的小丫头黄蓉在那里喳喳跳，吸引了无数眼球的同时，更让人好奇心大起，生出这样一个可爱丫头的，究竟是个什么样的人呢？到了第十四章，大家看到“桃花岛主”这个回目，不由得松了口气，这个世外高人可算是要出场了。谁知道金庸偏不让人满意，让那个大骗子假裘千仞跑出来说，黄药师已经挂了。黄蓉一听，咕咚一声连人带椅子摔倒在地上，晕了过去。读者心中也是一阵难过，这个奇人怎么这么小气，都不给我们见上一面，就死了呢。

最后来了一个青衣怪人，无声无息而来，行为诡异，施展了一手弹指神通的惊人功夫，震慑全场，才让小黄蓉扑上去抱住他，又笑又哭，一把扯下人皮面具，露出黄药师的真面目来。原来他是个形相清癯，丰姿隽爽，萧疏轩举，湛然若神的中年美男。如此将大家的胃口吊到十足，想不喜欢他都难。更何况黄药师是个文武全才，琴棋书画无不精通，五行奇门之术天下无双，一身魏晋风骨，一派世人皆醉我独醒的姿态，可不是把那群江湖汉子比得跟个土老冒似的。在《神雕侠侣》里，黄蓉多心，怀疑杨过利用自己对小龙女的一片痴心，引逗郭襄这个豆蔻年华的少女，却不知道自己的老爹几十年悼念亡妻，要与亡妻同沉大海的深情，早就征服了无数少女的心。

不过说起来，黄药师并非一个完美人物，他绝对是一个性格有缺陷的人。这里不是说他恃才傲物之类的小骂大帮忙的缺点，他有一个性格弱点，说出来一点都不小资，就是贪心。

这个世界，贪心的人多了，大多数人贪的东西一个是钱，一个是美色，或者是权力。难得有人贪学问，以做学问为乐事。求知识贪得无厌，永无止境，就是一种境界了。在现实中，这样的人不多，但是在金庸的武侠世界中，对武学知识贪得无厌，永远都精益求精，追求无极限的人，却俯拾皆是。在《鹿鼎记》里少林寺有个傻乎乎的老和尚，从八岁进了少林寺就没出去一步，成天关在寺里研究武功，练成少林第一高手，结果世事完全不通，成天被韦小宝当枪使。在《天龙八部》里有一个风波恶，就喜欢打架，打得过高兴，打不过认个输再去找下一场，纯为打架而打架，也算打出了风格，打出了特点。《射雕英雄传》里有一个出名的武痴，是老顽童。只要有人陪他玩，有人有一门他不会的武功，他就不管使尽什么办法，都要让人家演练了给他瞧，人家要是肯教他，他在江湖上忒高的辈分，也立马能跪下来给人磕三个响头，童趣纯真，见之只觉得可爱，绝不让人生厌。

但是有几个自称武林宗师的人，对武学一道，虽然也是有追求有上进心，但是他们不如上述三者的一点是，他们没有做到"君子爱财，取之有道"。欧阳锋对《九阴真经》垂涎已久，在王重阳临死的时候，就明目张胆来抢，虽然不算上乘，但明抢毕竟也不算太下作。还有一个自诩潇洒的黄药师，设了个圈套去骗毫无心机的老顽童，骗他把《九阴真经》给自己的老婆看，老婆看了两遍记下来，回家去给他默写了出来。虽然显得他两口子的聪明机巧天上有地下无，但这跟偷，又有什么分别？

莫说当时黄药师并不知道他妻子想看《九阴真经》的目的是回家去默写给他，就算他当真不知道，如果他真是一个有气节、有魏晋遗风的异士，这等同于坑蒙拐骗来的物事，就算送到眼前，也该不屑于去看一眼才是。他不仅看了，还如获至宝，乃至于被徒弟梅超风偷走了之后，大发雷霆，连几个无辜的弟子都被他挑断了脚筋赶出岛。想当年王重阳怕《九阴真经》落入奸人手中，而在华山论剑中力压群雄夺得真经，之后不仅自己不练，更严禁全真派门人练习真经上的武功。黄药师同他相比，境界差得太远。

黄药师的贪心在梅超风偷走《九阴真经》之后愈发不可遏制，他身怀六甲的妻子为了安慰他，勉强默写几年前强记下来的真经文字，终于油尽灯枯，产下黄蓉，留下半部断断续续的真经下部，弃世而去。虽然说这也是黄药师夫妇伉俪情深的一个表现，但是黄药师若真的疼惜妻子超过这部劳什子[1]，又怎么肯让妻子在怀孕时候如此殚精竭虑呢？

黄药师得了下部经文，没有上部的心法，练之不益，所以才没有练。上卷虽然得不到，但发下心愿，要凭着一己的聪明智慧，从下卷而自创上卷的内功基础，说道："《九阴真经》也是凡人所作，别人作得出，我黄药师便作不出？若不练成经中所载武功，便不离桃花岛一步。"岂知下卷经文被陈玄风、梅超风盗走，另作上卷经文也就变成了全无着落。一直到黄蓉长到十五六岁，跟父亲赌气离岛出走，他为了寻找爱女，才破誓出来找她。黄药师想的没错，他的聪明已经到了人类的极限了，《九阴真经》是人做的，做《九阴真经》的人未必比他更聪明。他若能跳出《九阴真经》依下卷创上卷的想法，另创一门功夫，用十几年的时间，说不定

1 劳什子，指讨厌的东西。

也早就练成了，何苦如此穷追不舍呢？

本来在四绝中，只有黄药师离幸福最近，他有一个和他一样聪明、情投意合的妻子，妻子生了一个和他们一样聪明、机灵、可爱的女儿，一家人住在东海中一个开满桃花、繁花似锦、美如仙境的岛上，可是黄药师的贪念，把这一切都毁了。

金庸本身应该很痛恨这样对不属于自己的武功仍然贪得无厌的人，所以他笔下的人，强取豪夺了武功秘笈，纵使练成绝世神功，仍然没有好下场。在《天龙八部》中，萧远山、慕容博和鸠摩智几个人偷偷学了少林的七十二绝技，无名老僧一一看在眼里，却任由他们来去自由。几十年后，他们贪多嚼不烂，无法突破"武学障"而深受苦楚。这时候金庸才安排无名老僧出来点化他们，道：本派武功传自达摩老祖。佛门子弟学武，乃在强身健体，护法伏魔。修习任何武功之间，总是心存慈悲仁善之念，倘若不以佛学为基，则练武之时，必定伤及自身。功夫练得越深，自身受伤越重。如果所练的只不过是拳打脚踢、兵刃暗器的外门功夫，那也罢了，对自身为害甚微，只须身子强壮，尽自抵御得住，但如练的是本派上乘武功，例如拈花指、多罗叶指、般若掌之类，每日不以慈悲佛法调和化解，则戾气深入脏腑，愈隐愈深，比之任何外毒都要厉害百倍。大轮明王是我佛门弟子，精研佛法，记诵明辨，当世无双，但如不存慈悲布施、普度众生之念，虽然典籍淹通，妙辩无碍，却终不能消解修习这些上乘武功时所种的戾气。本寺七十二绝技，每一项功夫都能伤人要害、取人性命，凌厉狠辣，大干天和，是以每一项绝技，均须有相应的慈悲佛法为之化解。这道理本寺僧人倒也并非人人皆知，只是一人练到四五项绝技之后，在禅理上的领悟，自然而然地会受到障碍。在我少林派，那便叫做“武学障”，与别宗别派的“知见障”道理相同。须知佛法在求渡世，武功在于杀生，两者背道而驰，相互克制。只有佛法越高，慈悲之念越盛，武功绝技才能练得越多，但修为上到了如此境界的高僧，却又不屑去多学各种厉害的杀人法门了。

因此，要说潇洒不羁，洒脱尘世，黄药师比无名老僧、《倚天屠龙记》里少林寺的觉远和尚，都差得远了，甚至连老顽童、风波恶都比不上。这些人人气不如黄药师高，皆因没有黄药师丰姿隽爽、萧疏轩举、湛然若神的皮囊而已。黄药师在追求武学这件事情的境界上，也就比欧阳锋稍微强一点。不过这也是他运气好，因为《九阴真经》落在了他的女儿、女婿手上，他也不好意思来抢，洪七公倒也是个有骨气的，见《九阴真经》落在徒弟手上，就说真经是他们的，就算他学会了《九阴真经》里的功夫，也不会用就是了。不过如果恰恰相反，这《九阴真经》落在了欧阳克手上，只怕做出这种姿态的就是欧阳锋，在一边使法欲得之而后快的，就是黄药师了。而他肯定会有fans（“粉丝”）替他的行为辩解说，《九阴真经》是天下至宝，本就是没有主的东西，谁抢到了算谁的本事。中年美男有这样的着数，欧阳锋只能自认倒霉，另辟蹊径去乱练《九阴真经》，歪打正着练成一身古怪功夫了。

黄药师这个中年型男的遗憾之处，在职场之中也屡见不鲜。一个人的外形或者先天条件比较好，例如有留洋背景，在国际大公司做过，又或者是签订过大单合约，自然能够在公司之中占据位置。在职场之中，每升一级带来的除了财富之外，还有那种事业成功的满足感。黄药师的满足感来自于武功的不断提升，这是上进心，值得肯定，但是另外一方面，一个人过分用强，或者是追求太多自己未必很需要的东西，在现代社会就会带来很多麻烦。因为社会上的资源和机会都是稀缺的，有时候，样样事情都想做到第一，各个领域都想要求自己表现很好，那是有点不切实际，更有点违反人性。黄药师枉自有一副潇洒外表，但是内心却仍然是有点执拗，有点自己与自己为难。这样的人在公司之中，不仅不快乐，常常也会影响身边的人，让更多人不快乐。大家千万注意，不要让自己陷入这种心魔。

语焉不详的快感

学过新闻传播或者做过媒体的人都知道这样一个大家都不是很愿意承认的事实，一件事情有三种真相：你的真相、我的真相和现实的真相。同样一个事情，或者同样一个物体，不同的人看到，必定会有不同的理解，每个人都有自己的理解方式，等到表达出来，已经带上了强烈的自我标识，与真正的“真相”已经差之毫厘，谬以千里了。所以在动画片《麦兜菠萝油王子》里，春田花花幼稚园的小朋友们有一门课，上一堂要几百块钱，就叫“两文三语[1]人际关系”。胖乎乎的小朋友们，左边一排抡起腿说“剪刀脚”，右边一排就会心领神会捂着屁屁说“哎呀”，表示被踢到了，这就叫同声同气，人际交流完全没有障碍。

对这幅情景，单亲家长麦太在一旁看了很羡慕说，现在的时代真是好了，学校里面什么都有得学。可见就算是麦兜麦太这样的草根阶层，都知道能用两文三语顺利沟通人际关系是一件非常重要的事情，是要从幼稚园开始学习的技能。人人都希望自己同他人没有误会，自己能够准确理解别人的意思，而自己的所思所想也不用饶舌就能为他人接受，这样一个透明的、充满理解的世界该有多么美好啊。

可是偏偏有人不这么想，这个人一向特立独行，天天觉得这个世界上的凡夫俗子都不理解他，越不理解他，他越高兴。因为这说明他和别人不一样，他是多么遗世独立。误解，对于别人来说是毒药，黄药师却偏偏甘之如饴。

在牛家庄的荒村野店里，全真七子和梅超风本有宿怨，一言不合就动起手来，梅超风被困在北斗阵里，要生不能要

1 两文三语是中文、英文与国语、粤语、英语的简称。

死不得。黄药师一向护短，见到这般情景，就算梅超风是他门下弃徒，也不能由得人欺负，坠了他的名头，当然奋不顾身义不容辞，上来就把全真七子踢了一个跟头。黄药师不问徒弟是怎么跟全真七子动上手的，全真七子听了人挑唆说黄药师方才追杀老顽童得手，这八个人不交一言先打了一场。这场架打到昏天黑地，到最后胜负将分的时候，一直在旁边观战的欧阳锋突然出手，先下毒手杀了谭处端，然后趁着黄药师双拳要敌四手的时候，运起蛤蟆功要从背后下手。黄药师本来难逃此劫，好在他的瞎了眼的弃徒梅超风突然跃起扑在黄药师的背上替他接了一招，才救了黄药师一命。

欧阳锋一击不中，哈哈长笑出门而去，临去留下一句话："黄老邪，我助你破了王重阳的阵法，又替你除去桃花岛的叛师孽徒，余下的六个杂毛你独自对付得了，咱们再见啦！"黄药师哼了一声，他知欧阳锋临去之际再施毒招，出言挑拨，把杀死谭处端的罪孽全放在他的身上，好叫全真派对他怀怨寻仇。他明知这是欧阳锋的离间毒计，却也不愿向全真诸子解释。

欧阳锋众目睽睽下两次毒手，就凭最后那句栽赃的话，是否就能挑拨起全真七子对黄药师的仇恨，而不把账算在他这个直接凶手上，暂且不论。反正金庸说王重阳的这些脓包徒弟信了，我们也没办法。丘处机打完了架才骂黄药师为什么要害他们的师叔老顽童，黄药师却是"眼看误会已成，只是冷笑不语"，这就完全没有必要，简直就是自己找事。老顽童好端端，活蹦乱跳，刚跟他赛完脚力，跑得比他自己还快，说一句老顽童没死，有那么难吗？就那么丢面子？

黄药师打完架，自己心里还想，这般跟全真教结仇当真是没来由。可是这头伤疤还没好，回头他自己也去制造误会了。出了那个荒村野店，大家伙来到一个树林里。欧阳锋看到黄药师肩上挎着他侄子欧阳克的蜀锦文囊不由得心中一凛。他杀了谭处端与梅超风后去而复回，正是来接侄儿，心想：难道黄药师竟杀了这孩子给他徒儿报仇？颤声问道："我侄儿怎样啦？"黄药师冷冷地道："我徒儿梅超风怎样啦，你侄儿也就怎样啦。"欧阳锋嘶声道："是谁杀的？是你门下还是全真门下？"他知黄药师身份甚高，决不会亲手去杀一个双足断折之人，必是命旁人下手。他声音本极难听，这时更是铿铿刺耳。黄药师冷冷地道："这小子学过全真派武功，也学过桃花岛的一些功夫，跟你是老相识。你去找他罢。"

黄药师想说的是杨康，可是欧阳锋心念一转，就想到了郭靖。杨康虽然在《射雕英雄传》里一直上蹿下跳，有很多戏份，但是他江湖地位着实不高，至于欧阳锋对杨康有多了解也不好说。欧阳锋是一代宗师，虽然对江湖事了如指掌，不过也不一定细微到连一个功夫平平的杨康的师承来历都那么清楚。何况梅超风传过杨康一些桃花岛的武功，也并没有兴师动众摆一场拜师宴，所以欧阳锋能知道杨康学过一些全真派武功，又学过桃花岛武功，两个条件都符合的概率不算太高。而且杨康如果不是使诈，就算欧阳克断了两条腿，杨康也杀不了他，所以欧阳锋想到这个凶手是郭靖实在是再正常不过了。黄药师刚刚认下这个女婿，接着就语焉不详引着人把杀人的帽子戴到了女婿头上，更使得欧阳锋后来和杨康联手，在桃花岛上杀了江南五怪，挑起一场大祸，几乎搞得女儿、女婿好事不偕，黄蓉在铁枪庙身冒大险才能揭发杨康的阴谋，再远一点，还为日后杨过和黄蓉不和埋下祸根。黄药师这句模棱两可的话，真是草蛇灰绳，千里伏笔，遗祸万年。

黄药师不是有心这么做，含含糊糊说话只是他的习惯而已。黄药师没有师承来历，一出场就是大宗师。他不像洪七公，曾经在丐帮一个姓钱的昏庸老帮主手下打工；他也不像老顽童，对王重阳师哥充满了敬畏和崇拜；他更不像南帝，在做帝王之前一定经过严格的接班人培训，黄药师就好像从石头缝蹦出来的孙猴子一样——其实这个比喻也不恰当，孙悟空还有一个天外飞仙的师父让他景仰——感觉天地之间唯我独尊，所以黄药师不惯俯低做小，不知道听不明白别人说话的坏处。因为根据本人的分析，讲话不清不楚是高层的特权。

做下属的，最怕的就是领会错了上司的意思，所以上司有什么指示，总是确定了再确定，万无一失的时候再动手，总好过听了个差不离就贸然开工，做了一半才发现原来南辕北辙。上司可不一定这么想，尤其是官僚型上司。我们在历史剧里经常看到两个中年男人各自挺着肚腩，手里端着一杯香茗，脸上带着讳莫若深的微笑，讲着一些谁也听不懂的话。像我们这样不敏感的观众，大概要好多集以后，某件政治大事发生，导演将该中年男人脸上的微笑放大到整个屏幕那么大，我们才恍然大悟，原来当初他说的话是可以这么理解的。所以，到了一定的层次，需要搞政治斗争的时候，大家就争着学习这样说话，所谓“一话两用”，你可以这么理解，但是我没有叫你不要那么理解。日后无论发生何种后果，说话的人从来都不会有错，这是艺术，也是一种生存手段。

事实上，有一类上司就像美国第十三任联邦储备委员会主席——德高望重的格林斯潘老先生一样，一向以语言含混难以明白著称。格老为美国一手缔造十几年经济繁荣，世界经济常常因为他一言而震动，他智商绝无问题，但是为什么要这样说话不明不白？乃是因为他不希望大家听懂。遇到这样的上司，确实比较麻烦，非得有脑筋急转弯的本领才能应付。

一般上司说话模棱两可，初入公司的员工可能会觉得是他水平有限，表达不清楚。不过，我提醒诸位，最好还是尽量少这么想。因为，就像黄药师一样，一般所谓的高人、上司总是有几把刷子，才能做到现在这样的江湖地位。在职场之中，低估对手的智力和上司的虚荣，都是极其危险的事情。所以，当你发现上司说话不清楚的时候（当然是在确认你的理解能力没有问题的情况下），按照常理大概只有两种情况，第一种是他没准备跟你说清楚，让你自个去琢磨；第二种也是最多的情况，就是他不想表态，压根不准备让你听明白。因此，这个时候你得加倍小心，无论做什么决策，都必须要把上司这个不稳定因素考虑进去。事情一边要尽最大努力去做，一边还得及时跟上司沟通，让他知道你是怎么想的，争取让他跟你站在同一条船上。不然，被人误导得像欧阳锋那样，自作聪明把杀子仇人都搞错，那就实在是对不起自己了。

第七章　海龟[1]性格的本土经理人张无忌

明教教主张无忌，武功精妙，接近了独孤求败的境界。明教重新发扬光大，号令武林，张无忌居功至伟，但是仔细看张无忌在明教中的所作所为，套句时下流行的话说，张无忌也不是一个好领导。

1　海龟，是“海归”的戏称，即海外归来人员。在本书中不含贬义。下同。

明教的形象工程

记得上学的时候，有门课叫中国哲学史还是中国宗教史的，总之就是通常让人昏昏欲睡的那种课。课上讲到明教的时候，几乎所有的人都会心一笑，问起明教的起源，不用查课本大家也能异口同声地回答是波斯。这些知识，当然要拜流传甚广的《倚天屠龙记》所赐，让明教深入人心。

金庸在写《倚天屠龙记》的时候，知道明教的人一定不多，不像佛教、道教，是中国人都知道的两大宗教。金庸在写到少林的时候，没有顺手写一段白马西来的故事来灌水，写到道教的时候，也没有扯到老子来灌水，但是写到明教，他就不厌其烦地解释，追本溯源，不惜让明教光明左使杨逍在百忙之中写了一本书来介绍明教在中国的流传历史。

《倚天屠龙记》里是这样说的，明教源出波斯，本名摩尼教，于唐武后延载元年（694年）传入中土，其时波斯人拂多诞持明教“三宗经”来朝，中国人始习此教经典。唐大历三年（768年）六月二十九日，长安洛阳建明教寺院“大云光明寺”。此后太原、荆州、扬州、洪州、越州等重镇，均建有大云光明寺。至会昌三年（843年），朝廷下令杀明教徒，明教势力大衰。自此之后，明教便成为犯禁的秘密教会，历朝均受官府摧残。明教为图生存，行事不免诡秘，终于摩尼教这个“摩”字，被人改为“魔”字，世人遂称之为魔教。

这么说起来，明教实在太冤枉了，明明是一个和佛教、道教一样讲求去恶行善的宗教，甚至在团结群众反抗压迫的道路上比那两个宗教走得更远，偏偏就因为受到来自官方的压迫，给他们扣上一个“魔”字，这个字就真的像魔鬼一样缠住了他们，给他们带来厄运。就连他们一心要拯救，视为兄弟姐妹的人民群众，竟也不再理解他们，视他们如洪水猛兽，避之唯恐不及，明教究竟哪里对不起他们了？

按照金庸的说法，按照《倚天屠龙记》里面的描述，明教根本就没有做错过什么。殷素素抢了屠龙刀，但也雇了个镖局，让人好吃好住地把俞岱岩送回武当山去；杨逍气死了灭绝师太的师兄孤鸿子，但是这件事情基本上只能怪孤鸿子和他师妹一样心眼小，而杨逍的所作所为，大概和黄药师一样会被世人安上一个潇洒尘世间的名头；胡青牛虽然见死不救，但是他对妻子一片痴心，对妹子爱护周到，也着实救了许多人的性命，顶多脾气古怪一点，却还比灭绝师太得人心；甚至韦一笑专门吸人鲜血的行径，也有个不得已而为之的苦处。张无忌小小年纪，也能感觉出他所遇到的明教中人，个个都是敢作敢当的好汉子，为什么全武林跟明教有那么大的仇呢？

张三丰是武林的泰山北斗，武功博大精深不说，更兼胸怀广大。他曾经同张翠山说："翠山，为人第一不可胸襟太窄，千万别自居名门正派，把旁人都瞧得小了。这正邪两字，原本难分，正派弟子若是心术不正，便是邪徒，邪派中人只要一心向善，便是正人君子。"但是他见到常遇春的时候，很喜欢他光明磊落、英爽豪迈，只是一听到常遇春是魔教的人，也大皱眉头，心中暗自有些觉得救错了人似的。人最怕有偏见，一有了偏见，连张三丰这样宽广磊落的百岁老人，看到常遇春吃素，把死人的衣服脱光了下葬，都不免连连摇头，觉得透着邪气。其实这些举动，和我们在电视上看到的青城派穿着草裙玩变脸相比，也邪不到哪里去。

明教的名声想必先是给官府搞臭的，他们煽动群众和官府作对，官府要剿灭他们，自然要编排一些罪名。武林人士之间互相结冤，本是常有之事，但因明教顶了一个"魔"字，便把错处都算在了明教头上。普通人不明就里，以讹传讹，明教坐实了这个"魔"字，不敢以真面目示人，处处小心翼翼，遮遮掩掩，在世人眼里，便又成了鬼鬼祟祟、乖僻怪异了。

明教和武林正派之间的恩怨纠葛，本来已经到了无法可解的地步，双方不是你死就是我活，或者斗个两败俱伤才算完。谁知道天可怜见，冷不丁冒出一个张无忌来，本身就是正邪两派精英人物结合的产物，又懂得一招"乾坤大挪移"，竟然轻轻巧巧把明教和武林正派之间纠缠百年的心结化于无形。他这一招很简单，就叫"公关"。

张无忌读书不多，没什么文化，但是他手下的光明左使杨逍是个文武双全的风流人物。杨逍写了本书介绍明教流传中国的历史，替张无忌补了一课之后，张无忌有所感悟，不禁长叹道："杨左使，本教教旨原是去恶行善，和释道并无大异，何以自唐代以来，历朝均受惨酷屠戮？"杨逍道："释家虽说普度众生，但僧众出家，各持清修，不理世务。道家亦然。本教则聚集乡民，不论是谁有甚危难困苦，诸教众一齐出力相助。官府欺压良民，甚么时候能少了？甚么地方能少了？一遇到有人被官府冤屈欺压，本教势必和官府相抗。"张无忌点了点头，说道："只有朝廷官府不去欺压良民，土豪恶霸不敢横行不法，到那时候，本教方能真正的兴旺。"杨逍拍案而起，大声道："教主之言，正说出了本教教旨的关键所在。"张无忌道："杨左使，你说当真能有这么一日么？"杨逍沉吟半晌，说道："但盼真能有这么一天。宋朝本教方腊方教主起事，也只不过是为了想叫官府不敢欺压良民。"他翻开那本书来，指到明教教主方腊在浙东起事震动天下的记载。张无忌看得悠然神往，掩卷说道："大丈夫固当如是。虽然方教主殉难身死，却终是轰轰烈烈地干了一番事业。"两人心意相通，都不禁血热如沸。

杨逍的书里提到曾经有官员向朝廷上奏章，说对明教"法禁愈严，而愈不可胜禁"。同理，明教和武林之间的争斗，也不是说谁把谁杀光了就能解决的，杀的人越多，仇恨越深，误解越深。张无忌倒是能跳出这个"有仇报仇，有冤报冤"的江湖思维模式。他上任伊始，恰逢六大门派围剿光明顶，一场大战之后，双方伤亡惨重，张无忌却将本来偷偷摸摸从来不怎么敢言明身份的明教教徒，都叫到他的故地蝴蝶谷中去召开了一次大会。

到了八月十五那天，蝴蝶谷中筑起高台，坛前燃起熊熊烈火，张无忌登坛宣示和中原诸门派尽释前愆、反元抗胡之意，又颁下教规，重申行善去恶、除暴安良的教旨。教众一齐凛遵，各人身前点起香束，立誓对教主令旨，决不敢违。是日坛前火光烛天，香播四野，明教之盛，远迈前代。

张无忌这招实在是高明。反元抗胡的事情，在他没有做教主之前，明教就已经在做了，但是只有他轰轰烈烈地开了一次大会，把这个消息散播了出去，让所有武林门派的人都知道，明教其实没那么神秘，明教所想的、所要做的和名门正派一样，都是要铲除暴政，大家拥有一样的理想，又何必同室操戈呢？

在自己和名门正派之间找到了一点共同点之后，张无忌指挥大批明教高手，把被蒙古捉去的所有高手都救了出来，还了各门派一个面子，大家也都不好意思旧事重提，还要感谢张教主不计前嫌，大家和气收场。明教从此扬眉吐气，俨然成了中原武林的领袖。

大凡国际五百强的企业，都有一套自己的企业战略和企业文化以及价值观什么的，平时公司的高层接受财经媒体访问的时候说，网站上面印得极为详细，连企业的保安都知道这些，为什么？为的就是把自己企业的想法都告诉天下，争取最大的认同感和知名度。张无忌这方面，可以说是深得国际大企业公共推广的精华。

张无忌这个宣传战打得好，明教翻身的法宝只有一点，就是改变形象。而这个形象的改变一定要让大家都看到，都注意到，都认同，就需要一点公关手段。这个手段其实适用范围很广。比如说真刀真枪打仗的时候，现在都是飞机大炮一轮轰炸，先占领发电厂、铁路、机场和电台。小时候看战争片，总是不明白军队巴巴地跑去占领电台有什么用，里面不就是一群手无缚鸡之力的人吗？张无忌的故事告诉我们，要宣传自己，声音要大。

人的大脑，有时候是由先入为主的思想产生成见的。可是人的大脑同时又很没有立场，经不起人家成天在耳边唠叨，唠叨得多了，什么思想、价值观都是可以改变的。现在的公司搞生意也都喜欢用这一招，在产品推出之前，先铺天盖地来一轮广告，先造势，把形象搞起来了，后面的推销工作就不难了。甚至有公司在做了一通广告之后，硬是不上产品，人为造成缺货的现象，在人人心痒难耐的时候，商家终于喜滋滋地告诉大家有货了，于是皆大欢喜。可见宣传造势之重要。

明教是一个从波斯传进来的教派，信仰、习俗与中国人大相径庭，武功也是波斯一派，高到极致的圣火令武功，在中国武林看来，也是东一下西一下，难看无比。明教要想获得中原武林的承认，就一定要像张无忌做的那样，把自己的行为价值观和中原武林的正统思想统一起来，才能有共同话语。跨国企业在进入中国之初，也遇到过一些类似明教的困境。

例如，江湖上传得沸沸扬扬的，莫过于曾经是世界第一大公司的微软在中国的郁郁不得志，其先后易帅多次，每次都成为舆论哗然的焦点，这实在和古往今来第一赚钱公司的地位不匹配。但是，微软在中国二十几年，基本上是按照自己的路子去弄，结果市场开拓不力。许多在华跨国公司取得了非常突出的业绩（增长速度超出总部和全球各地子公司平均水平），相形之下微软（中国）是一个比较失败的典型：业绩不佳、公众舆论围剿、几度易帅。除了中国盗版猖獗影响软件销售之外，微软自身的管理和战略，显然不够适应中国环境。所以，后来微软才派出盖茨和鲍尔默这两任总裁，在中国大搞政府公关，开放源代码，投资中国多少多少亿，这才多少洗刷掉公司本身在中国市场上过分霸道的形象，算是开始慢慢入乡随俗了。不过，它离真正的成功还差很远。2013年，苹果公司使出杀手锏，将大量软件免费，这对一直以卖Windows与Office软件作为主要利润来源的微软是致命一击。加上老牌CEO鲍尔默因为动作缓慢而被董事会逼着辞职，换来一个曾经去诺基亚蹲点的新CEO，其实是换汤不换药，看不出来有多少希望。

世界著名品牌宝洁的例子也很突出。宝洁在中国，曾因为遭遇跨国对手与本土对手的双面夹击而连连失利。宝洁的高价位给了本土品牌生存空间，被宝洁寄予厚望、在中国投资最大、在中国市场唯一原创的新品牌“润妍”被本土日化品牌打败，全面停产后黯然退出了中国，所以，宝洁开始进攻中低端市场，首先在区域二级市场尝试9.9元的飘柔洗发水。宝洁同时调整媒介策略，将触角首次延伸到央视黄金时段，希望借助央视的优势让更多中国人知道宝洁与宝洁的产品。这种务实的举动，比起一味的鸵鸟政策还是实用得多的。看来张无忌的这种公司形象再造的工作，几百年后，一样是非常需要的。

相形之下，最深谙本地化公关工作的洋品牌莫过于可口可乐了。2013年，他们推出的一系列非常接地气的广告，狠狠地拉近了他们与中国消费者的关系。2013年5月月底，可口可乐的昵称瓶在全国范围内全面铺开，不论是“天然呆”、“高富帅”、“喵星人”、“型男”，还是“闺蜜”、“文艺青年”、“小清新”，这些基于社会化媒体的网络流行语，都出现在可口可乐的瓶身上。消费者如果想拿到印有自己名字的可口可乐瓶子，还可以通过快乐贩卖机为自己制造独一无二的快乐昵称瓶。此举可谓叫好又叫座。一方面昵称瓶产品热销，创造佳绩；另外一方面，2013年10月月底，在营销传播领域中具备很高影响力的艾菲奖（大中华区）正式揭幕，在这个以“实效”为评估标准的艾菲奖评选当中，最为引人注目的大奖被“可口可乐昵称瓶”收入囊中。我们都知道，由美国营销学会于1968年创立的艾菲奖，其创立宗旨是创意，以实效论英雄（Awarding ideas that work）！

“中学为体，西学为用”

张无忌可以说是一个海龟型的领导人。说他是海龟，其实不太准确，因为他在冰火岛出生，在那里生活了十年，才随父母回归中原，对中国的风土人情完全不识，手持外国护照，兴致勃勃地东指西点，准确地讲，张无忌应该是一个华裔。但是张无忌长大之后，不知道为什么，竟然退化成了一个海龟，完全不像一个在外国长大的孩子了。他身上具备了海龟所需要的一切特点，他学了一身西域功夫，把这个奇奇怪怪的功夫练到了极致，在中华武林打遍天下无敌手，不由得让人怀疑中国武术是不是不思进取，已经落后于时代了。但是张无忌除了一身西域功夫之外，却又有一颗典型的中国心，他的思维模式、行为举止、价值判断，全都是中国宽恕温和、大仁大义的那一套。

张无忌小时候，脾气不是特别好，又倔犟又凶恶。殷离叫他陪她去灵蛇岛，他说什么都不去，还狠狠地在人家小姑娘手上咬了一口。他父母在他眼前自尽，他冷冷的眼光扫过在场的所有人，仿佛要把他们的面目都记在心里，等将来长大了报仇，在场的武林高手们都被他看得打一个冷战。他送杨不悔去西域，遇上一群像何太冲一般忘恩负义的家伙，他又被人骗，要不是天可怜见躲到一个山洞里，早就尸骨无存了。这样的境遇，究竟是什么使得张无忌五年之后从山洞里爬出来，突然就有了一颗大仁大义、关怀天下苍生的“仁”心？此处按下不表。

金庸到底有些不忿张无忌学的波斯武功独步武林，所以在张无忌一个人力战华山、昆仑四大高手的时候，特意加以解说道：“四人刀法剑法又已配合的宛似天衣无缝一般，此攻彼援，你消我长，四人合成了一个八手八足的极强高手，招数上反复变化，层出不穷。华山、昆仑两派的正反两仪刀剑之术，是从中国固有的河图洛书以及伏羲文王的八卦方位中推演而得，其奥妙精微之处，若能深研到极致，比之西域的乾坤大挪移实有过之而无不及，只是易理深邃，何太冲夫妇及高、矮二老只不过学得二三成而已，否则早已合力将敌手毙于刀剑之下，但饶是如此，张无忌空有一身惊世骇俗的浑厚内力，却也无法脱困。”可见中华武功的哲理深厚，本是可以高到没有尽头的，只是这几个不成器的所谓高手没有练到家，才打不过人家，所以断断不能因此而存了小觑中华武术的心思。

不过这毕竟只是一个遮羞的说法，张无忌在当时的武林，除了和百岁老道人张三丰不知道哪个厉害一点之外，已经到了独孤求败的境界。但是张无忌如果只是空有一身神功，必无法成为明教的救世主，无法给明教一个合法的地位，也无法让全武林团结在“一致对外，抗元击胡”的旗帜下停止互相杀戮，更无法让自己成为风头一时无两的江湖领军人物，成为一个“民族”英雄。张无忌解决问题的法宝，在于打败了对手之后怎么办。

这一招的名字，说起来就完全是国粹的路数了，好听点，叫以德报怨，难听点，叫市恩，用兵法上常用的话讲，叫七擒七纵。先用武功制住对手，像空性这样的少林高僧，没有做过亏心事的，张无忌就客客气气，说几句漂亮的场面话，强调自己之所以赢了空性，是学了少林寺的功夫。少林寺自己人被自己的武功打败，实在算不上什么丢脸的事情，堂堂少林为了这一句话，就心存了感激。遇到像何太冲夫妇、鲜于通这样的无耻之人，张无忌就抓住他们，当着大家的面踢曝他们当年做过的见不得人的事情，让与他们为伍、一向标榜正义的名门正派先存了内疚惭愧之意，然后才表示自己不计前嫌，胸襟广博。这才有后来他被周芷若一剑刺中之时，各派高手无论是友是敌，都对他暗暗敬佩，而对峨眉派的做法心生不忿。这种在精神上战胜对方、收服对方的“精神胜利法”，虽然一定要有高强的武功作为底子，否则一上来就被人打死了，纵有万种美德，也没了展示的机会，但是内里制胜的一招，还是“以德服人”这个传统的中华美德。

阳顶天在光明顶的秘道里曾经留下遗书，让谢逊代做副教主的职位，如果不是发生意外，明教众人没有看到这封信，谢逊十有八九就做了明教的教主。谢逊不是一个海龟，他应该是一个百分百的洋人。《倚天屠龙记》里没有交代谢逊究竟是何方人士，但是从书里面描绘他的样子，说他身形异常魁伟，一头黄发，双眼碧油油地发光来看，定然是个白种人。倪匡在《再看金庸小说》里分析说，倚天的背景是元朝，马可波罗早百年已经到了中国，所以谢逊是意大利人的可能性比较大，而且谢逊和紫衫龙王的感情比较好，因为他们同声同气，都是外来人口。甚至倪匡以遗传学的角度来证明，谢逊连混血的可能都不大，因为遗传上深色素占优势，如果是混血，谢逊的眼睛就不会是碧油油的了。

其实，除了从谢逊的毛发来证明以外，谢逊的性格也和我们中国人大不一样，十分的鬼佬。谢逊全家被他的师父成昆杀害，惨遭巨变，得了间歇性疯癫症。每次发作，谢逊总是大叫："妻子给人害死了，母亲给人害死了！""你为什么杀死我妈妈，杀死我孩儿！"家中巨变，人伦惨剧，在金庸的小说里发生过很多，但是深具中国人性格的男儿们打落牙齿和血吞，咬牙切齿要报仇是少不了的，像谢逊这样一个成名英雄，却这样孩子气地嚷嚷，是不是很容易让人想起好莱坞大片中表现铁汉柔情的桥段呢?

谢逊要引成昆出来报仇，想了一个笨办法，就是滥杀无辜，杀了人之后又题上"杀人者成昆"的字样。这个办法很愚蠢，自己给自己添麻烦，而且很没有道德。这样冲动、不计后果、不守规矩、简单直接、缺乏智力含量的做法，中原武林实属罕见，可见谢逊的思维方式，还停留在意大利地中海的热风中，没有适应中国的九曲回肠。

谢逊没有做成明教的教主，反而和张翠山夫妇流连海外，培养下一代，这应该是金庸手下留情，也是明教之福。当时明教和中原武林的芥蒂已深，谢逊这样冲动的性格，势必火上浇油，终会搞到无法收拾的田地。

跨国公司本土化，首先是个很复杂的问题，至少可以包括很多专业层面的话题，例如技术的本土化、人员（包括管理人员）的本土化、产品设计的本土化、市场的本土化、销售方式的本土化，等等。不过，按照“中学为体，西学为用”的分析工具，我们可以发现，能够把这一点心领神会运用自如的，显然就是公司品牌中国化做得最到位的。

这方面搞得最喜庆的莫过于可口可乐。他们进入中国的时候，非常有远见地选择了一个颇为美妙的汉化名称——可口可乐。“可口可乐”这个汉语名称既朗朗上口，悦耳动听，又揭示了品牌的产品特征，肯定是中国最好的外国品牌译名之一。后来，可口可乐还用活了中国人对大红喜庆的偏好，将其与它的产品颜色有机地结合在一起。最能让人记住的，莫过于找来了玩颜色最拿手的张艺谋执导了可口可乐的贺年电视片，又是故宫，又是敲锣打鼓，和中国主流的审美口味完全没有距离。真是该这家公司赚钱啊！

前几年，一个烈性酒要进入中国，设计了很多适合中国的花样。其中最有噱头的，就是在上海的街头，设计很多瓶子样式的广告牌，上面有个大“福”字，人在下面一按按钮，“福”字就能倒过来。这是取“福到”的口彩，也亏了洋人们费老劲来中国拉生意。但是，把握中国人做人做事的精神，要达到游刃有余的地步，还是需要不少精力的，这不是几个拍脑袋的点子就能解决的。因此，这些在中国还没有做得很好的公司，不妨研究一下张无忌执掌明教之后的一系列中学为体的思路，点滴体验，说不定才真正能够体味到中国市场玩法的不传之秘。

零距离管理模式的倒掉

张无忌是金庸笔下第二个接近理想的男主角。第一个理想男主角是金庸第一部武侠作品中的陈家洛，他相貌英俊，文武双全，身负家国深仇，一心为国为民为汉家天下奔走，却又深情无限。偏偏这样的男主角遭到后来许多读者的诟病，觉得陈家洛实在不是一条汉子，对事业对爱情全都拎不清，害了自己毁了别人，算不得英雄好汉。看来想把一个人写得太完美太理想，还不如保留缺陷，来点性格，才比较讨读者的欢心。

金庸毕竟是大家，所以很快意识到，一个完美的男主角其实不靠谱，效果反而不好。于是他后来的作品里，文武全能的人物不少，但是男主角是文武全才的实在不多，段誉虽然算得上文武全才，但是他脑子少根筋似的，傻气直冒，和玉树临风玉面小飞龙形象的陈家洛还是不可同日而语的。其他的，多是没什么文化的粗汉。许是这种路数写得多了，金大侠一时技痒，偶尔露峥嵘，写到《倚天屠龙记》的时候，一不小心，又把男主角写成了一个这样的完美形象。张无忌文化程度不算太高，写字也丑，在这一点上很对不住他身为著名书法家的父亲张翠山。不过，他不会背诗词歌赋，没有文学修养，却有专业。他懂医术，把神医胡青牛的全部功夫都学到手了。他还懂下毒、解毒，学了一本《王难姑毒经》，天下多难多古怪的毒，也难不倒他。从这一点来看，他文武双全的水平，比陈家洛更进了一步。

可惜的是，张无忌是一个比陈家洛更不遭人待见的男一号。陈家洛在爱情上的失意是来自误会，政治上的失意是输给了乾隆，也算是输得其所。但是张无忌空负一身神功，性格却优柔寡断，遇到大事小事，基本全无主意，一生唯他人之意是从，被赵敏和周芷若两个姑娘玩弄在股掌之上，丢了中国男人的面子。

明教重新发扬光大，号令武林，张无忌居功至伟，但是仔细看张无忌在明教中的所作所为，套句时下流行的话说，张无忌也不是一个好领导。

张无忌勉勉强强、推推让让地做了明教教主之后，知道自己才识俱无，处分大事未必妥当，所以事事都与杨逍、外公殷天正等人商量。这种情况其实一直延续到这篇小说结束，张无忌的管理才能都没有什么进步，杨逍说什么他就做什么，后来爱上了赵敏，自然就是媳妇说什么他做什么。除了该出头打人的时候露几手神功，大凡需要智力思考判断的事情他几乎都做不来。脑子不如别人好使，也怪不得他，能任用能人，把教务管理得井井有条，也算张无忌一个人事上的功劳。但是总的来说，张无忌管理明教，不是以才干管理，而是讲德行，靠个人的魅力举止把教友们集中在他的周围。这个做法适合民营企业小老板，但是对管理明教这样以夺天下为大志的大组织来说，就有些儿戏了。

前面说过，张无忌“中学为体”，十分宽厚仁慈，但是以德报怨得太过了，未免赏罚不分，难以服众。所谓以德报怨，何以报直？当日光明顶一战，名门正派杀了无数明教教徒，张无忌带着幸存者从地道里冲出来，亲自指挥明教的人如砍瓜切菜一般杀了无数正派人士，死伤无数，停下手来，他便对手下说，“本教和中原各大门派结怨已深，双方门人弟子、亲戚好友，都是互有杀伤。此后咱们既往不咎，前愆尽释，不再去和各门派寻仇。”张无忌和正邪两派都有渊源，都是亲戚，这事自然说起来容易，但是底下众人听了，心头都是气愤不平，良久无人答话。

他不替名门正派报仇，也不替明教死难者报仇，算是大家揭过这场过节，两不相欠，也就算了。但是后来制造事端，想挑起明教与武林门派争斗的赵敏一干人，做了那么多恶事，他因为爱上了赵敏，也过往不究了。害死他父母的罪魁祸首，赵敏手下那帮投靠了蒙古的高手，后来落在了张无忌手里，他也统统一句“以德报怨”，就算了。周芷若几乎害了他表妹，害了他义父，害了他的心上人，他最后见周芷若怕得厉害，心也立刻软了，当然他从来就没有起过要杀周芷若的心。就算大仁大义的老一辈代表郭靖，见了杀害自己父亲的段正德，也会分外眼红，白刀子进红刀子出，结束了那小子的性命。张无忌的心究竟是什么做的？棉花也没有这般柔软吧。

张无忌不为别人报仇，到最后竟然心软到连伤害自己性命的人，也轻轻放过，不施惩戒。朱元璋见明教日益做大，担心自己行军打仗打下来的天下，日后被张无忌坐了天下，心有不甘。于是朱元璋不顾年轻时候和张无忌的情分，给他施了迷药，待张无忌醒了过来，就和徐达、常遇春在帐外说话，诱得张无忌以为徐达和常遇春没义气，为了富贵要加害于他，于是张无忌心灰意冷，自己走了。张无忌明知道朱元璋有了二心，又以为徐达和常遇春是小人，对不起自己，却忍气吞声咽下了这口气，真是个奇迹。他已经将《武穆遗书》传给了徐达，如今见徐达这般忘恩负义，就该立刻暴起，出去取了那厮的性命才是，否则不要说不符合他事事为人民着想、大仁大义的性格，简直对不起这部久经磨难终于传到他手上的《武穆遗书》。

结果张无忌这一走，明教落到了朱元璋手里。朱元璋登基之后，下令严禁明教，将教中曾立大功的兄弟尽加杀戮。朱元璋刻薄寡恩，多疑善变，登基之后大杀功臣，他后世子孙也没几个像样的，终于成就了明朝这一中国历史上最昏庸、最混乱的朝代。中国长达二百七十年的明朝苦难历史，说起来这笔账都要算到张无忌头上。可见一个领导光会施恩，不懂报仇，祸害更大。

朱元璋的奸计得逞，全在于他对张无忌性格弱点的了解。这里就要说到张无忌管理明教的第二个大漏洞，那就是领导不像一个领导，和手下称兄道弟，培养兄弟情谊，组织内部除了公开的关系之外，私交更是错综复杂。这实在是管理学上的一大忌。

张无忌手下仰仗的人，有他的外公、舅舅、义父，杨逍的女儿杨不悔和他情同兄妹，嫁给了殷梨亭之后更成了他的婶子，常遇春和徐达是他的兄弟，他行事的主意都是媳妇赵敏出的。私交广的好处是明教成了一个大家庭，其乐融融，缺点就是这个最高层的领导和中层之间没有了距离，没有了章法，没有了神秘感，也就没有了权威。

领导不能像张无忌这样，性格浅薄到被人一眼就能看穿，什么人都能算计到他。许多人都怪自己的领导变幻无常，一时优柔寡断，一时又坚忍不拔，无坚不摧，让人摸不清他究竟在想什么。其实这才是正确的领导形象。

意大利政治学家马基亚维利在《君主论》里，曾经惊世骇俗地揭露了政治的真相，给统治者提出了许多一针见血的意见。他不止一次地提到，君主应该通过种种手段，甚至包括表面上的装腔作势和耍些小手段，来获得别人的尊重、爱戴和潜在的畏惧。君主就是要躲在这个人为制造的假相后面，刻意地和臣子保持距离，并且在这个距离里游刃有余，保护自己，控制下臣。

政治上的至理名言，我们在张无忌的问题上庸俗化一点，就是说张无忌这个教主太没有架子。在使用权力的问题上，他过多地让下属享有支配权力，而削弱了自己的权威。

在私人问题上，张无忌在四个女人之间心猿意马，拿不定主意，就算最后明确了自己对赵敏的心意，对殷离和周芷若却也不是说能放手就放手的。这样的拖泥带水，一丝不漏地展示在了明教众人的眼中。张无忌自己没什么主意，对赵敏言听计从，明教群豪只要不是瞎子，也都看得出来。

戴高乐曾经说："没有神秘就不能有威信，因为对于一个人太熟悉了就会产生轻蔑之感。"张无忌太过平易近人，他的敌人、朋友都知道他的弱点，他的武功高到很神秘，但是他的性格一点都不神秘。不神秘带来的轻蔑之感，让张无忌注定做不了一个好领导。

实际上，"零距离"一词在中国的流行，全赖足球女记者李响的那本同名写米卢的书。作为神奇教练，米卢在中国的盛衰非常戏剧化。由被捧上天到迅速打落地，甚至一度成为笑柄，也就是不到一年的时间。带领中国足球队首次踏足世界杯决赛圈之后，米卢的威望极高，但是他那个"零距离"的管理办法，却把自己害了。因为，那时候，由于和女记者的"零距离"，米卢的选择球员乃至派兵布阵，大家都能由女记者的笔下提前知道，甚至连米卢喜欢的那个球员有什么怪僻，通通都是报纸上的头版大字报道。大家也知道了米卢是在"东方出现了鱼肚白"之后才"进入梦乡"，也能够猜得出来米卢又会为哪些公司站台为哪些产品代言。不久，底牌都在报纸上的米卢，被足球媒体群起攻之，不被重用的队员们自然也没有好话说他，连中国足协也开始下令限制米卢的商业活动。已经被公众视为贪婪和偏私的主教练，权威扫地，加上中国足球队一贯的不争气，米卢神话走到了尽头。

无独有偶，倒在“零距离”管理模式上的，不仅有米卢，还有一度是米卢大老板的阎掌门。2000年上任之初，阎掌门激情澎湃，侃侃而谈，他提出的“人民足球”等口号鼓舞人心，提出组建中超联赛，也见魄力。虽然他身边没有零距离的名记，但是，阎掌门在中国足球界的喧闹气氛下，很快就声音越来越大，说得越来越多。只可惜，中国从来是说事容易办事难。他的很多豪言壮语发出去了，媒体也造足了舆论，然而实际的效果却很不怎么样。无论是打击假球、黑哨，还是中超联赛的举行，都是虎头蛇尾。2003年的时候，阎世铎虽然高呼要新闻媒体和足协双方共同努力营造一个“团结、欢乐、拼搏、向上”的足球大家庭，他希望今后足球界逐步形成赞誉改革者、支持建设者、宽容失误者的良好氛围。不过，其后来自媒体的“阎世铎下课”的喊声络绎不绝，给他安排好的接班人也接近两位数。2005年春节后，阎世铎还是下课了。他的问题和米卢有不一样的地方，就是米卢不说，他经常说。他们也有一样的地方，就是他和米卢一样，在想什么做什么，都能很快通过媒体被传播和放大开去。这样的情形下，阎掌门几乎是曝光率最多、发言最多的同级别官员，一举一动都成为了千万球迷注视的目标。

当然，阎掌门本身有些事情也表现得比较戏剧化。国家队冲进2002年韩日世界杯决赛圈，被他声情并茂地总结为“中国足球站起来了”；对假球黑哨，阎世铎喊出的口号是

“杀无赦，斩立决”；他视察了众多青少年培训基地，提出了“固本培元、调整结构”的思路；俱乐部因利益问题退出联赛，阎世铎以莎士比亚的诗歌化解：当爱情的小船被风浪打翻，让我们友好地说声再见。这些构成了他足球领导生涯中的特别点，拉近了他和社会大众的距离。

别说他只是一个寻常的官员，就算是铁人也架不住这样难以建立威信，随时都被置疑、炮轰的巨大压力。

实际上，很多高调的明星企业家，也是因为太多表现，太多表态，所以有点玩火。本来生意人的强项是长袖善舞，运营经商。平素经常出来在大众媒体甚至自媒体上抛头露面，对各个话题指指点点，乃是所谓的公知路线，商人不好好做生意而弄这些，就有点不务正业了。言多必失的时候，更容易引来舆论汹涌，手足无措，真真是何苦来哉。具体的名字大家心里有数，这里就不一一列举了。

因此，不管你是哪个圈子的人，只要是处在还能掌握一些特别资源的位置，就得谨慎从事，千万不能什么都管什么都零距离，否则一不小心陷于尴尬，事情就很难办好了。

第八章　超级CEO萧峰的悲剧人生

丐帮帮主萧峰，武功深不可测，对师友尊崇，对属下重义，忠勇无比，仁爱宽厚。在他的执掌下，丐帮经过了不少大风大浪，内解纷争，外抗强敌，在江湖上威名赫赫，商誉很高。只是他后来被敌人击中要害——身世，最后在雁门关慨然自尽，舍生取义，令人扼腕长叹。

超越疑人、用人的瓶颈

两个人无论是什么关系，夫妻、父子、兄弟、姐妹，还是师徒、朋友，真正要达到肝胆相照、心意相通的信任程度，其实很难。尤其是证据确凿，世人皆谓此人就是一个十恶不赦之徒的时候，还能死心塌地相信这个人是个好人，那他不是相信朋友没有做坏事，而是自信心爆棚，相信自己对朋友足够了解，相信自己绝不会走眼。但是真要信到十足，信到心底连一丝疑云都没有，就又难了。

有时候造化就是故意弄人，你疑了他，偏偏他又成了你身边之人，才华横溢，见识卓越，时势所逼许多大事都得靠了他才能成，那这个疑人究竟用不用呢？这个问题不仅是我们现在许多企业家、老板、做人上司的人苦恼的问题，江湖大佬一招不慎，同样会为这个问题烦恼，处理得不好，一样付出代价。

智计无双、在《射雕英雄传》里人见人爱的小黄蓉，到《神雕侠侣》里面变成了一个惹人讨厌的师奶，而她最为人诟病的一个错误是，她处处为难杨过。因为杨康曾经数次陷害她，下毒手杀人还把罪名加到她父亲黄药师身上，几乎害黄药师背负卑鄙的名声。黄蓉身为大宗师黄药师的女儿、大宗师洪七公的徒弟，十六岁领导天下第一大帮派丐帮，一生以来最大的一次挫折就来自这个一生不曾得遇明师、武功不入流的杨康所为，后来每每午夜梦回，仍是吓出一身冷汗。如今来了一个杨过，长相颇似杨康就不用说了，言语轻佻、性格古怪偏执更在杨康之上，偏偏郭靖要把杨过带在身边，偏偏杨过还是个聪明绝顶的孩子，偏偏黄蓉心里有一根刺永远都拔不掉，杨康就是死在她手上，此事太大，知道的人太多，杨过迟早会知道，难道教他一身武功，到时候全数招呼在自己身上，养虎为患吗？黄蓉才没有那么傻。

黄蓉对她所疑心的杨过，采取了“不用”的态度。这个“疑人坚决不用”的原则，是桃花岛的家学渊源，黄药师执行起来比他女儿更彻底。梅超风和她的贼汉子在桃花岛有了私情，怕师父责怪，一不做二不休，偷了师父的宝贝《九阴真经》，逃出岛去。黄药师大怒之余，迁怒于其他几个弟子，挑断了他们的脚筋，一并赶出了桃花岛。那几个弟子是无辜的，黄药师也知道，但是有了梅超风两口子的前车之鉴，他对剩下的几个弟子也起了疑心，身边的人原来会冷不丁下手做出对不起自己的事情。黄药师不会在一个地方摔倒两次，所以他索性和弟子们恩断义绝了。几十年以后，黄药师在归云庄再次见到徒弟陆乘风的时候，出手试了他儿子陆冠英的功夫，确定陆乘风没有传功夫给儿子，才传了自己新创的旋风扫叶腿给陆乘风，重新收他入自己门下。不要小看这一试，黄药师对徒弟几十年的疑心，全靠这一试来消弭。

就连傻姑，黄药师也要试过她的功夫，确定是傻姑偷看而不是她爹教的，才把她带回桃花岛去。对一个傻姑娘都有这么大的戒心，对一个死了的徒弟都不宽容，说起来黄蓉已经不像她爸那么小心眼了。

黄蓉年轻的时候不肯教杨过武功，只教他读书认字，心里打的是这样的主意："此人聪明才智似不在我下，如果他为人和他爹爹一般，再学了武功，将来为祸不小，不如让他学文，习了圣贤之说，于己于人都有好处。"其实这也不能全怪她。当年杨康和欧阳锋一起搞出那么大的麻烦来，还杀死了郭靖的五个师父，如今杨过也跟欧阳锋搞在一起，还学了一点他的蛤蟆功，才几天功夫就处处维护欧阳锋，下毒害柯镇恶。欧阳锋在《射雕英雄传》里是第一大恶人，黄蓉忌惮他，忌惮和他有关系的人，是正常心理。

不过她不愿意用的人，人才出众，自然就有别人要。过了几年，杨过一转眼就武功卓绝，成了一代少侠了。好在杨过后来没有落在欧阳锋手里，而是跟了一个纯洁善良的小龙女，好在欧阳锋在《神雕侠侣》里已经不做坏人很多年，饶是这样，杨过也几次想下手杀郭靖，每次的情形都是千钧一发，惊险万分。想一想，只能说是黄蓉运气好，不用杨过，也只是把他推到了中立的第三方阵营，而没有把他"培养"成一个敌人，但是这样的好运气，实在是可遇不可求。

丐帮的前老帮主汪剑通和少林方丈玄慈在雁门关受人欺骗，莫名其妙和萧远山大干了一场，造成一场人间惨剧。后来幸存的几个人查明了真相，心中很惭愧，于是留下了萧远山儿子的性命，不仅将他交给少室山下的善良农民收养，还传了他一身功夫。

当时也参与其事的天台山智光大师说："这位少林僧（玄苦大师）,乃是受了我们带头大哥的重托,请他从小教诲你,使你不致走入歧途。为了此事，我和带头大哥、汪帮主三人曾起过一场争执。我说由你平平稳稳务农为主，不要学武，再卷入江湖恩仇之中。带头大哥却说我们对不起你父母，须当将你培养成为一位英雄人物。"

智光终究是不太信得过萧峰这个异族人，认为萧峰身负民族仇恨和父母血海深仇，何苦把这只小狼养大呢？谁能预见到几十年后这只小狼会不会长成一只野性十足的大狼？这个态度和黄蓉对待杨过的态度是一样的。不过带头大哥玄慈打定主意要还萧远山一个好儿子，汪帮主也偏着他多些，到萧峰十六岁，收他做了徒儿，此后许许多多的机缘遇合，只怕都是玄慈和汪帮主两个武林高层人士在暗中提拔、照顾萧峰。智光说："你自己天姿卓绝，奋力上进，固然非常人之所能及，但若非带头大哥和汪帮主处处眷顾，只怕也不是这般容易吧？"

萧峰当时低头沉思，想起自己这一生遇上什么危难，总是逢凶化吉，从来不吃什么大亏，而许多良机又往往自行送上门来，不求自得，从前只道自己福星高照，一生幸运，此刻听了智光之言心想：莫非当真由于什么有力人物暗中扶持，而自己竟全然不觉？可见当日玄慈和汪剑通当真是一心对萧峰，一心一意要把他培养成一个大英雄、大好汉。明知道萧峰是契丹人，他二人还能这样做，实属不易。

但是萧峰契丹人的身份这块大石头压在心上，可不是说忘就能忘掉的。智光续道："汪帮主初时对你还十分提防，但后来见你学武进境既快，为人慷慨豪侠，待人仁厚，对他恭谨尊崇，行事又处处合他心意，渐渐地真心喜欢了你。再后来你立功愈多，威名越大，丐帮上上下下一齐归心，便是帮外之人，也知丐帮将来的帮主非你莫属。但汪帮主始终拿不定主意，便由于你是契丹人之故。他试你三大难题，你一一办到，但仍要到你立了七大功劳之后，他才以打狗棒相授。那一年泰山大会，你连创丐帮强敌九人，使丐帮威震天下，那时他更无犹豫的余地，方立你为丐帮帮主。以老衲所知，丐帮数百年来，从无第二个帮主之位，如你这般得来艰难。"

汪帮主打定了主意要传位给萧峰，就算玄慈找他谈了好几天的话，他也不改初衷。一方面是因为萧峰人才实在出众，血性肝胆，配坐丐帮帮主这个位置；另一方面，萧峰立下那么大的功劳，在丐帮中威望甚高，使得汪帮主骑虎难下，不立他为帮主，难以服众。在这种情况下，汪帮主立了萧峰为丐帮帮主，在萧峰接任的那一天，手书一封遗令："字谕丐帮马副帮主、传功长老、执法长老，暨诸长老：乔峰若有亲辽叛汉、助契丹而厌大宋之举者，全帮即行合力击杀，不得有误。下毒行刺，均无不可，下手者有功无罪。汪剑通亲笔。"

可见汪帮主虽然用了萧峰，心中毕竟还是有些疑他，留下这封遗令，也就埋下了一颗地雷，专等一些心怀不轨的小人来引爆。最终的结果却是逼反了萧峰，果真引起武林一场腥风血雨，聚贤庄一战无数武林好手死于非命，而丐帮陷入一场混乱，最后竟由全冠清扶持了一个傀儡帮主游坦之，无半点萧峰的气概，让丐帮脸面无存。这个结局，恐怕也不是汪帮主所乐见的吧。可是不要忘了，这个地雷本就是因为汪帮主心中的一丝疑虑而亲手埋下的，责任不可推卸。

喜欢《天龙八部》的人，最后看到萧峰在雁门关慨然自尽，都忍不住热泪直流，为这个悲剧英雄的命运扼腕长叹。回头想想萧峰的悲剧一生，难免就要怪到他的恩师汪老帮主身上，你既然疑他，就不要用他，我们萧大侠也不在乎这个帮主的位置，每日和丐帮的兄弟们喝酒打架，不知多快活。你既然用了他，又何苦疑他呢？不写这封信，萧峰带着丐帮众兄弟们行侠仗义，还能把丐帮整顿得好不兴旺，多好啊。

最近还有一个让人捧腹的例子，就是中国足协又有怪招。历来，只听说过主教练有“代理”、“执行”、“看守”等花样繁多的名号，但是最近出到挂着“教练组组长”的名义，让还没正式名分的王海鸣带队出战国际A级赛。中国足协或许是期待以这样的方式刺激王海鸣为自己的未来使出百分之二百的努力。但是，地球人都能看出来，这个事情也太露怯了。

“用人不疑”这一句话，中国足协在选用主帅带队女足参加奥运会的时候倒是很明白的，如此坚定地启用无人赞同的张海涛。只是那一次运气太差，女足饱受一次重创，所以管理者已经怀疑起自己身为伯乐的能力和运气。因为王海鸣这一任主帅的任务远比张海涛重许多，打砸了北京奥运，无人能承担起这一责任，才有这么个不伦不类的教练组组长的玩法。效果到底怎么样，实在不敢乐观！

说个旧事，金圣叹看《水浒传》，评论青面兽杨志押运生辰纲被劫，他认定主要原因是杨志受老都管的制约太多，不能做到要停则停，要行则行。老都管说白了就是梁中书派出的监工，说话有影响力，不似那些挑夫，杨志可以开口就骂，举手就打。黄泥岗上，杨志风险意识很重，不让大家休息，不让大家喝酒，但是他资历威望不够，管理上缺乏说服力，所以最终拗不过以老都管为代表的绝大多数人的意见，着了吴学究的道，“倒了，倒了”。

说回丐帮。前后两大帮主都在疑人用不用这个问题上，栽了一个跟头。弃之不用不是个好办法，用了也还是有隐患。“疑人不用，用人不疑”的古话，是老祖宗们说来安慰我们、可望而不可即的一条所谓的管理学的金科玉律，因为它已经不合现代生意的玩法。两任帮主其实都应该考虑到，丐帮已经家大业大，要做成基业常青的百年老店，就得搞出一套制度、一套组织来解决这个疑人和用人纠缠不清的瓶颈。

中国传统的用人观念是“用人不疑，疑人不用”。“用人不疑”是用一个人，就应该信任他，不能轻易怀疑他。实际上，这是一个管理思维的初级阶段思考。对“用人”的理解，都21世纪了，肯定不能停留在给人施展才华的机会这个层面，靠“慧眼识珠”，用术语来说就是误差大，判断的机会成本很高。当然，也没有办法摆脱的是，中国历来有对“伯乐”的渴望。一方面有“千里马常有，而伯乐不常有”的感叹；另一方面，有幸被“伯乐”发现的人，一旦走马上任，便深怀对“伯乐”的感恩戴德，力图报效，于是就形成了中国特有的人身依附关系。这种旧式的用人之道，实际上所体现的是一种不平等的关系，下对上抱着对“伯乐知遇之恩”的感激。而靠“伯乐”发现人才、鉴别人才归根到底还是私人作坊的做法，真的要管上千上万人的公司，做大生意，这肯定不行。

从信任的角度看，“用人不疑”似乎是对的，但是，仅仅信任是不够的。“用人”实际上就是授权，而不受制约的权力必然导致腐败。用人“要疑”，“疑人”实质上并非是对人不信任，而是用人与被用人之间的一种约定。

什么叫做管理，用句简单的话说就是，让员工能够好好干活。

“用人”就是不断创造机会，让下属有事情做，有奔头。而“疑人”则是建立用人的监督或约束机制。激励机制与监督或约束机制共同构成现代社会或企业组织正常运行的保障体系。“用人不疑，疑人不用”这个说法比较outdated（过时），只有变成“用人有疑，权力有边”，才能解决萧峰这种不让人放心的大才的使用问题。国外企业一百多年来形成的授权管理和内部审计，可是很好用的法宝啊。

袭击对方的要害

韦小宝有一项成名绝技，行走江湖的时候使出来，经常能起到救自己性命、挫败武林高手的奇效。这项绝技有个很不好听的名字，就是袭击对方的阴私处。韦小宝一心要做一个响当当的大英雄，要守江湖道义讲义气的行为守则，所以虽然一到危难的时候，就忍不住或者下意识地使出这一招来，但是心里总是有点忐忑，生怕被武林人士耻笑。直到后来他闯了一段时间的江湖，听说武功中也有一个招数叫“撩阴腿”之后，放下了心中的一块大石，原来这招有用之余，也并不是想象中那么见不得人。

这招当然不是见不得人，因为一代大侠张无忌也用过，不过不是武功上，而是精神上击中对方阴私之处以达到摧毁对方意志的作用。比如张无忌在光明顶上力挽狂澜，拯救明教于六大门派刀口之下，就几次踢爆或者逼对方自行爆出曾经做过的亏心事，使得对方心神大乱，惊疑不定，士气大消，从而一击得手。

话说人在江湖漂，哪能不挨刀，在刀口上舔血的日子，难免会有别人对不起自己和自己也对不起别人的事情，或者有些不能让别人知道的秘密。谁掌握了这个秘密，就掌握了一个制高点，在适当的时候用适当的政治正确的方法揭发出来，杀人于无形，这是一门很高明的战术。

在这些阴私中，有一条被很多人用过，而且屡试不爽，那就是身世问题。阶级斗争的时候，我们经常说一句话，道路可以选择，但是出身不能选择。这个唯出身论、龙生龙凤生凤的理论，其实由来已久。话说三国时候的大枭雄、大政治家、大军事家、大文学家曹操，手段谋略之厉害，让千古之后的皇帝偶尔想起来都能汗湿几层衣服。

在官渡之战的时候，袁绍为了争取广大人民群众的合作，授意陈琳写了一篇檄文，对曹操进行攻击，攻击点很多，其中不乏文人海写胡写的诽谤之词，但是其中有一点，深深刺痛了曹操的心灵。因为檄文中指责曹操“赘阉遗丑，本无懿德”，是多余无用的宦官的肮脏遗物，没有优秀的品德。

曹操的曾祖父、祖父都是宦官，而他的父亲曹嵩在过继给祖父曹腾之前，是个乞丐，所以曹操虽然后来权倾天下，他的后代子孙开创了魏晋两朝最讲究的高阀门第，但曹操自己的出身，实在是低微得可以。陈琳的文笔好得很，据说曹操看到这一篇大话不少但是文采风流的檄文，竟然高兴得头痛立刻好了。袁绍失败了之后，陈琳降了曹操，曹操看他是个人才，没有杀他。但是曹操还是不忘旧事重提地责备他说，你骂我就骂我好了，为什么把我的父亲、祖父这些人都牵扯在里面呢?

可见曹操对于陈琳提到的这点身世，还是颇为在意的。当然也不能怪曹操，当时的士大夫标榜正统，重视门第，看不起生理有缺陷的宦官，是社会上的普遍现象。曹操以宦官之后，挟天子以令诸侯，吐气扬眉之余，还是有点美中不足。

《天龙八部》里的萧峰，本是一个完美人物，武功深不可测，对师友尊崇，对属下重义，忠勇无比，仁爱宽厚，精明过人，看他不顺眼，有心要咬他一口的人，都不知道从何处下口。最后找来找去，终于找到了他一个致命的弱点，就是他的身世。马夫人恨他竟不为自己的美貌所动，于是害死了马副帮主，勾结了几个对她的美貌垂涎的丐帮长老，趁着丐帮在杏子林中聚会的时候谋反作乱，想把萧峰赶下台。萧峰机智过人，坦荡磊落，不仅化解了这场危机，为叛乱的长老身受三刀六洞，洗去长老们罪过的做法，使自己的威望更为高涨。到了此时，对手们才得以使出杀手锏，在群豪面前揭露了萧峰的身世，原来他不是大宋子民，而是与大宋日夜交战，杀死宋人无数的野蛮又残暴的辽人。

当时辽国和大宋两国交战良久，辽国对大宋的觊觎之心昭然若揭，两国之间的仇恨之深，自然不是压在曹操身上的士大夫对宦官的偏见那么简单，也没那么容易化解。萧峰这般大英雄，虽然练到了“泰山崩于前而不变色”，但是乍闻自己是契丹子裔，心中也经不住百感交集。“近十年来，他每日里便是计谋如何破灭辽国，多杀契丹胡虏，突然间惊悉此事，纵然他一生经历过不少大风大浪，也禁不住手足无措。”事到如今，萧峰纵使一点错处没有，一经明了自己的身世确是契丹人无疑，立刻掷还打狗棒，振衣而去。一帮丐帮兄弟就算如何舍不得，如何替他辩护说受了汪帮主等老前辈的熏陶，萧峰已经成了一个好人，是好人就能做丐帮帮主，却也实在苍白无力，回天乏术。

不过往阴私处招呼的招数，在启动前一定要做好准备工作，才能一击即中，让对手没有翻身的余地。否则自以为找到了人最隐秘的部位，等到动了手才发现自己以为练成了龙象般若功，一出手就有九龙九象的巨力，没想到对手是老顽童，使出了一招空明拳，空空如也，自己蓄势待发的大力气，全然没有了着落，更不要说击中敌人的要害了。一招不灵，这“撩阴腿”就再没有胜算了。

风际中就是这样一个人，他做了康熙派去天地会的卧底，见韦小宝身为当今御前第一大红人，又在天地会里做了青木堂的堂主、朝廷第一通缉犯陈近南的关门小徒弟，还和陈近南发展了一段类似父子一般的动人感情，还风风火火带着一群弟兄们干反清复明的勾当，竟然还能两边都吃得开，两边都视他为重要人物。风际中心里就高兴了：这个韦小宝胆大包天，瞒着小皇帝这样无法无天，等老子我告他一状，让他吃不了兜着走。

康熙听了这话，还真的有些生气，但是他一查，韦小宝虽然身在天地会，却没做过什么对不起他的事情，这气就先消了一半。康熙会用人，一想这小子在天地会和第一首脑关系亲密，是个可以利用的人，既然他拍着胸脯说要退会，绝不敢反清复明，那倒不如让他杀个回马枪，去反天地会，将那帮反贼一网打尽，也了去自己一头心事。于是小皇帝打了这么一个如意算盘，轻轻松松就饶了韦小宝。

风际中告密的这一招，并没有打到实处。韦小宝虽然在天地会担了一个虚职，却没干什么实事，为了一个虚名，康熙不见得就容不下韦小宝。韦小宝的死穴不是没有，是风际中没找到，那就是《四十二章经》。韦小宝不知道是出于好奇的心理，还是出于贪财的心理，反正大家都叫他去找《四十二章经》，他也一一都给找了回来，就是谁也不给，全落在了自己的口袋里。《四十二章经》据说事关大清国的龙脉气运，万一被人动了那么一下，大清国就玩完了。小皇帝心里最紧张的就是大清国，天地会虽然上蹿下跳反清复明，但是他让韦小宝去干掉的人开出一个黑名单来，也就四十多个，其实成不了什么大气候。但是《四十二章经》的事情就严重多了，搞不好老祖宗的基业都会被这个小流氓给毁了。康熙什么都敢搏，这个问题一定不敢搏，而且韦小宝也没什么借口替自己开脱。

可见抓住别人一点阴私，是一个很有效的克敌制胜的手段，这个手段虽然有“撩阴腿”这个难听的名字，但是大英雄做事，不拘小节。张无忌揭露鲜于通的阴私，就是正义的，马夫人揭露萧峰的身世，就是疯狂的，不能一棍子打死。

这个阴私，可以是这个人以前做过的一件亏心事，可以是他自己都不知道的一个秘密，可以是这个人踏上成功路之前脚下踩过的无数尸体，也可以是他在竞争中采用的一些不正当手段，比如偷税漏税、行贿贪污、产品伪劣、吹牛放卫星、卖保险的人花钱买博士学历，等等。只要是能引起公众反感、领导不满，或者公安机关介入，或者会导致家宅不宁、老婆吃醋的事情，统统可以视之为阴私。在必要的时候把这些阴私抖搂出来，可以获得兵不血刃的效果。

例如，很多跨国公司在中国拓展业务的过程中，常常有些灰色地带的公关活动。这个事情在内地有个文化关系，本身比较模糊，不容易定义。而有些公司内部的不同派别，为了技术性击倒对方，就会把竞争对手的这些事情，告发到总部的董事会和投资人之中去。这样一来非同小可，西方企业文化连送礼价值超过多少钱都视同行贿，更不要说其他牵涉金额更大的事情。所以，2004年，有一家跨国公司中国区的头几名管理人，一夜之间全部被炒，据说就是因为被曝出他们在中国做了如此这般不道德的交易。

说到挑弱点下手的典型例子，还有一个彩电龙头企业创维的创办人黄宏生的例子。2004年，他在香港开股东会之前，突然被出手犀利的香港廉政公署追将去了，然后是一轮审讯，七八名创维高管被抓去了，最后廉政公署向法院提起诉讼，指控黄宏生盗窃公司资金4000多万云云。此事，全香港金融界都议论纷纷，说要不是内部人发难，外人谁知道这家一年销售几十亿元的公司的几千万资金的调拨。最要害的是，在内地的上市公司，往往是管理者对公司有莫大的管理权，调用资金的事情，比比皆是，根本没有听说有法律问题。香港的廉政公署，也是有规定，没有接受举报，就不能主动调查。这样一来就很清楚了，一定是有人看准了创维的问题，到连港督都不用给面子的廉政公署举报，一下子击中了黄宏生辛苦打拼十几年的帝国软肋。黄宏生不但因此被迫辞去了创维的一切职务，还以串谋盗窃、诈骗等罪被判6年监禁。幸而，黄宏生没有因此沉沦不起，2009年出狱后，不但大手笔投资了汽车行业，还重新回归创维，做起了集团顾问。

人在商场，如同在江湖，如同在战场，使这招的时候，不必有太大心理压力，觉得不光彩，把自己想象成战无不胜的福将韦小宝，也就出手坚决了。这样做好不好，不是我们讨论的范畴，但是提醒读者诸君，这一招是极为厉害的，要防止授人以柄。而如果在另外的环境下，面临大是大非，需要你出手的时候，也应该考虑攻击得准确一些。

超级CEO的悲剧

金庸的武侠小说中，丐帮经常出现并扮演过非常重要的角色，而对丐帮的传承和组织管理，金庸也不惜笔墨进行了详尽的描写。前前后后，丐帮出现了许多帮主，基本上个个都是忠肝义胆，武艺超群。即使是游坦之这样一个匆匆上场旋即遭人唾弃的傀儡帮主，在少室山下一场恶战，武功也胜过星宿老怪丁春秋。这些帮主中谁武功最高不好比较，因为金庸写起武功来也是越到后期越没谱，高到近乎神仙的地步。不过帮主们的行政能力，倒是可以好好比一比。

汪剑通汪老帮主在《天龙八部》里是一个传说中的人物，提起他的人对他评价很高，但是他在立萧峰为帮主这件事情上，有些犹豫不决，前后行为自我矛盾，留下了对丐帮发展不利的一个祸根。萧峰之后有一个游坦之，做过一段时间的帮主，但是他除了武功高超，帮会中的大小事情都是听全冠清和阿紫两个人摆布，毫无管理可言。《射雕英雄传》里提到过一个钱老帮主，武功不错，但是为人老迈昏庸，把帮务搞得一团糟，净衣、污衣两派纷争不断，公司内部分裂是企业的大忌，他不能说是一个成功的帮主。高知名度的洪七公得江湖评价很高，为人正派，是个豪杰，但是他放纵自己疏懒的性格，一天到晚吃吃喝喝，一年到头不知道在哪里行侠仗义，虽然很替丐帮争光，但是管理疏松确实是个隐患。

黄蓉比洪七公好一点，脑子比较好使，所以处理起事情来也比一般人麻利。但是在她的心里，丐帮从来就不是第一位的，黄蓉作为一个女人，在她心里排第一位的永远是如何协助夫君郭靖。所以郭靖一心要做好义守襄阳的大业，她也就跟着办，至于丐帮在乱世之中何去何从，她并没有未雨绸缪。最明显的例子就是，在萧峰执政时期，丐帮作为中原第一大帮派，一直暗助大宋抗御外敌，保国护民，然而为了不吸引敌人的注意力，引来敌人全力攻打丐帮，各种谋略不论成败，都是做过便算，决不外泄，所以外间多不知情，即令本帮之中，也是尽量守秘。可是到了黄蓉时代，她唯恐天下不知道丐帮在做这件大事，先搞了一个推举武林盟主的无聊事情，更以太后的姿态把丐帮紧紧团结在“抗击蒙古”的大旗下。她传位给了一个虽有苦劳，但武功、才能均不能服众的老人——鲁有脚。鲁CEO遇到霍都这样武功、才智都算不上一流的人，都会被轻易地暗算了。这不能怪鲁有脚，只能怪黄蓉把他推上了这个他力所不及的位置。

耶律齐的丐帮帮主之位，是杨过不做，让给他的，但是在以后的经营业绩上，他也无甚出众表现，连世代相传的丐帮镇门之宝降龙十八掌，传到他这里都没能学全。襄阳城破，他应该是和岳父岳母一家一起殉国了。那他有没有对丐帮之后的发展做出战略安排呢？不知道，但是唯一可以肯定的是，丐帮从此沦落了。

到了百年之后的元朝，几大门派围攻光明顶，已经没有丐帮的份，他们只能在六大门派退了之后，跟几个不成气候的小帮派一起来拣漏，气势上已经输给别人了。而史火龙史帮主更是不济。原来上代丐帮帮主所传的降龙十八掌，在耶律齐手中没能学全，此后丐帮历任帮主最多也只学到十四掌为止。史火龙所学到的共有十二掌，但他却因苦练这门掌法时内力不济，得了上半身瘫痪之症，双臂不能转，自此偕同妻子，到各处深山寻觅灵药治病，将丐帮帮务交与传功、执法二长老和掌棒、掌钵二龙头共同处理。这样的管理架构，丐帮显然已经不是一个蒸蒸日上的企业管理组织了。

实际上，二长老、二龙头不相统属，各管各的，帮中污衣、净衣两派又积不相能，互相之间缺乏管理和协同作用，以致偌大一个丐帮渐趋式微。史火龙瘫痪之后，自己寻医问药，不现人间长达二十多年，竟然还是不肯让出这个丐帮帮主的位置，不另寻能者任之，失职至此，整个公司可以说分崩离析，基本上只能等待外人兼并或者内部人收购了。后来丐帮出现了长老陈友谅这样一个野心勃勃的人物，不起二心都怪了。

回头看，之所以说萧峰是最有行政能力，最具备管理能力的丐帮帮主，实非虚言。且不说他担任帮主之前立下的各大功劳，就是汪帮主去世后，萧峰正式上任执掌丐帮八年，经过了不少大风大浪，内解纷争，外抗强敌，他始终竭力以赴，条理分明，将丐帮整顿得好生兴旺，江湖上威名赫赫，商誉很高。萧CEO为人精明、勤奋，和丐帮弟子感情深厚，尤其对丐帮的感情也很投入，堪称中兴型企业CEO的典范。他不会像黄蓉那样把丐帮摆到第二位。到了后来，在杏子林中，全冠清等高级干部伙同相当一批中层干部针对他造反，大变徒生，萧峰三刀六洞恩威并施的危机处理方案，堪称常青藤级MBA水准。

当时对萧峰忠心的下属大部分被叛逆者全冠清等人关了起来，林中数百人对付萧峰一个，萧峰就算神功盖世，也敌不过这么多人，当时的情况实在是危急万分。萧峰一招制住领头的全冠清，点了他的哑穴，让他不能再说出煽动众人的话来，这是处理公司政变的一个很好的例子。首先制服带头发难者，特别是剥夺其发言权，这个雷霆手段是危机处理的第一步。然后萧峰派现场忠于他的人去解救被困的帮众，那些人虽然不如现场造反的人多，但有传功、执法两个地位崇高的长老，在危机时候，高级干部的出现和表态，意味着权力系统还是运转正常，自然能够镇得住场面，使得叛逆者无法继续扩大混乱。

危机解除之后，萧峰往自己身上戳了几刀，洗去了几个长老的造反之罪，这一做法极高明，绝对是收揽忠心下属的不二法门，值得后人学习。当然，帮谁不帮谁，也有讲究，不能一味市恩卖好，对有品质的人才值得用这样激烈的手段去收买。比如萧峰就有讲究，起头作乱的全冠清必须坚决清理，这样企业以后才能运转，这就是所谓的只办首恶，宽待余党。就算全冠清有再大的功劳，也要逼他自尽。其他几百帮众都是丐帮的力量，只要萧峰对企业未来有信心，对自己的管治能力有把握，当然是收缆这些力量最为实际。

萧峰是一个能干的人，不然他不会在大宋做稳了江湖第一大帮派的帮主，在女真族和部落首领称兄道弟，立下不小的功劳。等到他回到故乡辽国，更是如鱼得水，为大辽CEO耶律洪基平叛。这是丐帮危机处理的重现和升级版本，萧峰处理此类危机最有心得。日后他更是做到位及人臣的南院大王。耶律洪基本是一代雄主，绝不会因为和萧峰是结义兄弟，就授予他如此高位，让他独掌兵权。看萧峰日后统兵领将，饶有分寸，颇有大将风度。

但是萧峰不是十全十美的，他有缺点，而且是很大的缺点，就是这个缺点造成了他悲剧英雄的命运。萧峰是一个非常好的管理者，有效，简洁，绝不拖泥带水，丐帮和辽国南院的部众都被他管理得井井有条。甚至在危机出现的时候，萧峰的处理也是可圈可点，但是萧峰显然不是一个高明的企业领导者，所以他只能当执行的总经理、运营官，不合适做董事长和董事会主席。

他最大的问题是只懂得处理单一环境下的危机，一旦问题复杂起来，头绪一多，他自己也乱了阵脚，缺乏战略眼光。

且说萧峰平息了丐帮的叛乱，本已经大难过去，谁知道马夫人一出场，带来了几个所谓当时雁门关血战的见证人，凭两封信就来指正萧峰是契丹人。赵钱孙藏头露尾，名字都不是真的，智光大师遮遮掩掩，还吞了带头大哥签名的信，这样不尽不实的指控，以萧峰在丐帮的威信，只要一声断喝，坚决否认，当时场面上一众心悦诚服的下属们也不会信那两个人的话。马夫人拿了封汪帮主的遗书出来，指责萧峰害了马副帮主是要偷这封信，物证是萧峰的一把扇子。这个问题上，很显然马夫人的指控是软弱无力的。因为萧峰自己已经说了，凭他的武功，要取什么东西，就算皇宫大院，也必定不会空手而还，何至于要下熏香，翻箱倒柜一番，什么也没找到就回去了，还跌落了一把随身之物留作纪念？马夫人这个谎撒得太没有水平。她能在这个问题上撒谎，那么她所提交的所谓汪帮主遗书的重要物证，其可信度也值得商量。汪帮主是江湖中人，不是什么书法家，找个人来冒充他的笔迹，又有何难？连阿朱这样的小姑娘都能轻松把自己化装成大个子萧峰。

所以当时萧峰看了汪帮主的遗书、带头大哥的书信，听了智光大师的故事，千不该万不该，不该这样就心神大乱，承认了自己是契丹人。这几个人的证词皆有可疑之处，萧峰至少得再像企业战略家一样，合理利用游戏规则，得逼智光大师叫出带头大哥来作证，智光如果不能带来这个重要人证，其证词自然就缺乏公信力。怎么证明世界上真的有带头大哥这个人呢？智光如果愿意，起码需要一段来回时间，这样萧峰就有时间回旋，也不用坠入那么大一个谜团，满世界地找带头大哥了。

这件事情证明萧峰虽然操作能力强，处理技术问题精明，但是不够智慧，没有战略头脑，不能在绝境中找到一条对自己最有利的道路。他能中兴丐帮，把一个中型企业整顿发展成一个大企业，但是在外部环境纷繁复杂，敌人不知从何处攻来的时候，特别是牵涉到个人情绪的时候，萧峰就变得过分脆弱，没有那种“宁可我负天下人，不可天下人负我”的坚决思维，放弃了自己对丐帮的责任，不能做好一个乱世中的掌舵人。

萧峰最后成了一个跨时代、跨民族的人文意义上的大英雄，因为他不肯帮辽主攻宋，而宋人又见疑于他，在时代民族的夹缝中，萧峰选择了一条最悲情的路，胁迫辽主，立下不攻宋的誓言，然后自尽，以殉自己背叛祖国的罪名，表明他心里并没有辽宋的分别，他的心里只有悲悯。看到此处，男士扼腕，女士痛哭，没有人不为萧峰的大慈悲感动。很多人都说，看金庸小说仅有的两次流泪，都献给了萧峰，一次是打死阿朱，一次是赐死了自己。

但是有一个人曾经和萧峰处在非常类似的境况，而这个人的遭遇，基本上大家都笑嘻嘻地瞧着，毫无悲壮可言，这个人就是韦小宝。他一面替皇帝康熙打工，一面带领天地会英雄干革命，左右逢源，大小通吃。康熙知道了韦小宝两面派的行为之后，曾经语重心长地跟他说了这样一句话："你一生一世，就脚踩两只船么？"的确，人精韦小宝最终也没有能够一直脚踩两条船，顺风顺水，他的选择也很简单："老子不干了！"带着大小老婆，带着金银财宝下江南，开妓院唱十八摸，小桂子从此永远过着幸福快乐的生活。

《鹿鼎记》是金庸最有争议的作品，韦小宝这个人是对金庸以前作品中所有英雄人物的一个否定和反衬，包括我们的大英雄萧峰。说萧峰脚踩两只船，有点对不起他的英雄高义，但是像他这样一个身居高位的人，被命运推到这样一个风口浪尖，也由不得他不做选择，大是大非问题，没有中间路线可以选择。郭靖母子亏得铁木真收留，他还拜了哲别做师父，和拖雷结成安达，和华筝定了亲，铁木真更封他做了金刀驸马。郭靖在蒙古长到十几岁才回到中原，他对蒙古的感情，不可谓不深。但是一旦蒙古大兵压境，郭靖从来没有一丝犹疑是该帮谁，他更从没有想过要和蒙古谈判，劝他们与大宋和平共处，甚至当得知蒙古领兵大帅是他兄弟拖雷的时候，他也很快下定决心，要大义灭亲。郭靖的心思单纯，所以他没有在两条船中间做选择的困惑，他是宋人，便站在了宋人这一边，对手即使是他曾经视若兄弟的人，也一样能杀。

萧峰两边都不愿意得罪，他总在想一个两全其美的法子，既保全了养他、对他有恩的大宋，又不得罪生他、同他有义的辽国，所以他进退维谷，立场不明。这是企业最高领导人的大忌，因为这样必然导致行为反复，跟着他的下属也必然无所适从。看似两边都想讨好，但是最后往往是两手俱空。这样对个人对集体都不是好事。

实际上聚贤庄一战，萧峰已经和中原武林决裂，而少室山下，南院大王萧峰带领燕云十八骑威风亮相，并在中原群豪面前和十八骑展示了生死不渝的兄弟义气，从这个意义上说，萧峰已经选择了一个契丹人的立场，他对自己契丹人的身份已经有了很深的认同。何况他接受了耶律洪基对他的认命，做了相当长一段时间的南院大王，在其位自然要谋其政。辽国和大宋的仇恨，他感同身受，坐了南院大王这个位置，攻宋的命令传到他手上只是时间问题。耶律洪基一代枭雄，如何能不对大宋虎视眈眈？就像电视剧《汉武大帝》里说的那样：“晚打不如早打，小打不如大打，一代人的问题要在一代人手里解决。”如今天赐良机，给了他萧峰这样一个熟悉南朝环境的“飞将军”，耶律洪基逐鹿中原的心，如何能不烈火烹油一般熊熊燃烧起来？萧峰假装没有看到耶律洪基的用心，乃是他内心一直逃避这个问题，暧昧地坐在南院大王的宝座上，幻想耶律洪基永远不提出这个南攻的要求。这未免太政治幼稚，完全不像一个大企业集团的高层管理者。但是他，包括全天下的人都认同了契丹人萧峰这个新身份，他脑子里又突然充满了悲悯仁慈的信念，这是一种与希望高速扩张的契丹企业集团截然不同的价值体系，萧峰要用这套价值体系指导他的行为，定然不见容于契丹企业集团。

康熙对韦小宝说："小桂子，一个人不能老是脚踏两头船。你如对我忠心，一心一意的为朝廷办事，天地会的浑水便不能再趟了。你倘若决心做天地会的香主，那便得一心一意的反我才是。"这两句话把韦小宝吓得屁滚尿流，却也是金玉良言，帮韦小宝下了最后的决心。而康熙说这番话时的领袖气质，更是让人倾倒，韦小宝赶不上，萧峰比不上，萧峰的老大耶律洪基也比不上。耶律洪基只知道逼萧峰带兵攻宋，逼迫不成就要手段骗阿紫上当下毒害人，把萧峰关在牢里，杀又不杀，放又不放，这些类似黑社会混混的手段与康熙心平气和的两句话比起来，简直就是下三滥的手段。最后他自然没有困住萧峰，硬是让萧峰在最后时刻破坏了自己的伐宋大业，耶律洪基一生的军功梦想就此成空。这不能怪萧峰，只能怪耶律董事长自己身为第一把手的修为功夫还不到家。

萧峰最后断箭往自己胸口一插，舍生取义，完成了金庸笔下少见的一场悲剧。这是一场真正意义上的悲剧，因为它不是一场从天而降的车祸，不是一种现在那些廉价电视连续剧里面来无影去无踪的绝症，它是性格悲剧，萧峰用自己的性格，一步一步把自己推到了一个完全没有回转余地的绝境，逼死了自己。当然，也可以说，正是因为他的能力不足以承受加之在他身上的过大压力，又缺乏有效的退出机制，他只能选择激烈的自我毁灭的悲剧。

还是那句话，晚打不如早打，晚决定不如早决定，萧峰拖拖拉拉，态度暧昧，做打工仔的时候这样的行为方式会害了自己，如果让他做决策者、领军人物，那害的就不止是他自己。

第九章　古往今来第一福将韦小宝

韦小宝是大清圣祖皇帝康熙御前第一大红人，是骁骑营正黄旗都统、抚远大将军，还是天地会青木堂香主、民间地下武装力量神龙教的白龙使。他为人圆滑机巧，八面玲珑，黑白通吃，游刃有余。公众对于韦小宝成败得失的争论从来没有停止过，但是我们还是要研究分析一下他的升迁秘笈、官场心得。

小人物韦小宝

韦小宝的官衔是什么呢？不算他在宫里做太监的官职，那是封给太监小桂子的，不是给韦小宝韦大人的。韦大人为皇上办事的时间不长，但他升迁的速度比火箭还快，没几年工夫，他已经是“骁骑营正黄旗都统，抚远大将军，御前侍卫副总管，钦赐黄马褂，一等鹿鼎公”。当然最后还应该加上一个如假包换的“二手顶包和硕额驸”和他自己给自己封的“小白龙”这个外号。无疑，不论说职场如官场，还是职场如战场，甚至职场如情场，韦小宝都是战功赫赫，无人能及，但是究竟要不要在这里研究分析一下韦大人的升迁秘笈、官场心得，却是一个让人举棋不定的难题。

《鹿鼎记》问世之后，关于韦小宝这个人物的成败得失的争论就没有停止过，甚至金庸都一反常态，亲自执笔写了一篇名为《韦小宝这家伙》的文章，来为他的心头上上人物辩护。不过金庸最后也忍不住告诫读者说：“读我的小说的人有很多是少年少女，那么应当向这些天真的小朋友们提醒一句，韦小宝重视义气，那是好的品德，至于其余各种行为，千万不要照学。”可是如果真的像金庸所提议的那样，我们只像韦小宝学义气，那我们学到了他的义气之后，在这个职场上还有几分幸存概率呢？大概一成都不到吧。

不过仔细想想，金大侠说这番话也是语重心长，并不是不让我们学韦小宝的职场秘笈，而是我们根本学不到他的“小宝三招”——说假话、拍马屁、走大运。其实这三大法宝，前两项是职场生存必备秘笈，缺一必死，后一项是职场中万物期待之东风，无论什么事情，说得残酷一点，就是办不成是应该的，办得成全靠一点运气来点化。就好像说假话，说到韦小宝那样把死的说成活的、高的说成矮的水平又怎么样。说实话，拿现代眼光来看韦小宝在书里几段著名的谎话，无论是和神龙教主洪安通说的，还是和西藏活佛葛尔丹王子结拜时说的，尽管天花乱坠，却实在有些离谱，亏得是那几个白痴听了，换任何一个正常智力的人，韦小宝都不能死里逃生，扭转乾坤，这不是运气好是什么？

康熙最不喜欢臣子拍马屁，金庸还专门用了一大段文字，让康熙直抒胸臆批评皇帝一有功劳，臣子就会上奏请上尊号：“这些马屁大王，有事的时候不能为朕出力分忧，一待大功告成，他们就来捡现成便宜，大拍马屁了。”韦小宝就凑趣道：“皇上事事有先见之明。咱们那时候静静地瞧着，哪几个官儿请皇上加尊号，谁就是马屁大王！”康熙笑道：“对！那时候老子踢他妈的狗屁股！”

金庸后面紧接着举了一个例子，说打完吴三桂之后，臣子们果然请康熙给自己上尊号，结果被康熙臭骂了一顿，说明康熙是一个不吃马屁的好皇帝。可是韦小宝那些明显肉麻过头的马屁，他却照单全收。当然，韦小宝的马屁是拍到了最高境界，就是似乎不拍，可是披着不是马屁外衣的马屁，终究还是一个马屁，以康熙的少年英才、“鸟生鱼汤”，连这个都品不出来，就实在对不起“英主”这个称号了。单好这一口马屁，这就是韦小宝的运气。

运气好这个问题，就没得学了，不过我们还是不能放弃研究韦小宝。因为我们虽然不学韦小宝这些没出息、上不得台面、学也学不到的生存技巧，可谁能保证我们身边没有几个天赋异禀的人，一出娘胎就装备上了韦小宝的致胜武器呢？如果我们做不了韦小宝，那势必就要做韦小宝身边的人，是做朋友好，还是做敌人好呢？当然是朋友好，所有的人都会异口同声地回答我。

韦小宝只手通天，财大气粗，黑白通吃，跟他作对，那不是自找苦吃吗？就像那个玉树临风的郑克爽，出身高贵，仪表堂堂，手段也算厉害，却几次三番被韦小宝捉弄到灰头土脸，欠下了无厘头的几百万两银子的巨额债务，心上人阿珂也变了心，他虽然没死，到最后也只是一具行尸走肉。他手下第一干将冯锡范更惨，其实冯锡范倒也算得上是个刚正的汉子，他和韦小宝各为其主，他一心保护郑克爽也是应该的，表现的是韦小宝最欣赏的“义气”二字，可惜因为和韦小宝作对的次数实在太多，最后被韦小宝折磨到不成人样，还做了茅十八的替死鬼，在菜市口断送了性命。洪安通也死了，风际中也死了，吴三桂这个大汉奸也死了，有这几个前车之鉴，谁吃了熊心豹子胆，敢和韦小宝作对？没有人躲得过韦大人的明枪暗箭。

所以还是和韦小宝做朋友吧，这种人虽然手段有点不地道，但有一点好处天下皆知，那就是讲义气，连金庸都说韦小宝的义气是唯一值得称道的东西。茅十八这个在江湖上实在不入流的家伙，在扬州道上和韦小宝一番相遇结交，两人结拜成兄弟，从此肝胆相照。茅十八把韦小宝带进了皇宫，从此两个人东西相隔如参商，等到再次相见的时候，韦小宝已经是天地会青木堂的韦香主，再等下一次相见，韦小宝已然是名动天下的一等鹿鼎公了，而茅十八还是那条好勇斗狠的闲汉，跻身管理决策层的高级经理韦小宝“苟富贵，勿相忘”，一点嫌弃茅十八的意思都没有。

韦小宝签了《尼布楚条约》，立下大功劳班师回朝，七个老婆两个儿子都得了许多封赏，正意气风发之际，突然从街边闯出一条大汉，戟指大骂说：“韦小宝，你这千刀万剐的小贼，好好的汉人，却去投降满清，做鞑子的走狗奴才。你害死了自己师父，杀害好兄弟，今日鞑子皇帝封了你做公做侯，你荣华富贵，神气活现。你奶奶的，老子白刀子进，红刀子出，在你小贼身上戳你妈的十七廿八刀，瞧你还做不做得成乌龟公、甲鱼公？”这大汉正是韦小宝的结义好兄弟茅十八。

康熙把茅十八抓进宫里去，让韦小宝亲自监斩，想把韦小宝和天地会反贼之间剩余的一点联系彻底斩断。韦小宝为难坏了，不敢抗旨，又不舍得真把茅大哥的脑袋砍下来，更不舍得让自己的脑袋生得不牢靠。在前有狼后有虎的情况下，韦小宝只好哄着多隆演了一出狸猫换太子的戏，绑了大对头冯锡范去刑场，救了茅十八一条性命。韦小宝功成名就、位及人臣的时候，仍能这样一片赤诚地对待微末时的朋友，不顾身家相救，的确是条汉子。

不过和韦小宝做朋友，不能单单被他的义气蒙蔽了双眼，以为就此高枕无忧了，韦小宝这个人的朋友如果这么好做，他就不是韦小宝了。《鹿鼎记》里慧眼识小宝的人不少，官场老狐狸索额图第一时间就拉拢韦小宝，要跟他结拜。当时韦小宝入官场的时间不长，一见索大人结交，一下子就上了头，晕晕乎乎就答应了。但是结拜的时候，韦小宝很有一番有趣的心理，索额图发了誓之后，他就心里想："你年纪比我大得多了，如果我当真跟你同年同月同日死，那可也太吃亏了。"一转念间，他有了主意，心想："我反正不是桂小宝，胡说一通，怕什么了？"于是他在佛像前磕了头，朗声道："弟子桂小宝，一向来是在皇帝宫里做小太监的，人人都叫小桂子，和索额图大人索老哥结为兄弟，有福共享，有难同当。不愿同年同月同日生，但愿同月同月同日死。如果小桂子不顾义气，小桂子天诛地灭，小桂子死后打入十八层地狱，给牛头马面捉住了，一千年、一万年不得超生。"他将一切灾祸全都要小桂子去承受，又接连说了两个"同月"，将"但愿同年同月同日死"说成了"但愿同月同月同日死"，顺口说得极快，索额图也没听出其中的花样。韦小宝心想："跟你同月同日死，那也不打紧。你如是三月初三死的，我在一百年之后三月初三归天，也不吃亏了。”

韦小宝和百胜刀王胡逸之也结拜过兄弟，胡逸之没提同年同月同日死的事情，他说以后要有福同享，有难同当，有违此誓，就淹死在江中。韦小宝也照样说了一遍，不过他心里又琢磨了一下，“我绝不会对不起胡大哥，不过万一有什么错失，我从此不到广西来，总不能在柳江中淹死了。别的江，那就不算。”所以他虽然发了誓，说的却是“有违此誓，教我淹死在这柳江之中”。于是就不用负责任了。

韦小宝和桑结喇嘛、葛尔丹王子结拜兄弟的时候，倒是真心诚意地说了一句，“不愿同年同月同日生，但愿同年同月同日死。”因为当时韦小宝的性命捏在这两个人手里，骗得他们也发了一句这样的誓言。“这句话是最要紧的。他二人只要一点了头，就不能再杀我了。再要杀我，等于自杀。”

结拜做兄弟，短短十几个字的誓言，韦小宝能玩出这么多的花样来，说来说去，无非还是有福可以同享，有难你老兄自己当，韦小宝是不干的。不知道索额图等人如果听得到韦小宝当下的心声，这个兄弟还敢不敢认呢？

韦小宝和这几个人结拜都是虚情假意，不是真心的，而跟杨溢之、张勇那帮人不发誓言只是拜了几拜的结拜才是真的，所以韦小宝在誓言上搞鬼，那是索额图、桑结他们有私心结交，目的不纯，活该上韦小宝的大当。恕在下冒昧了，在职场上称兄道弟，有几个是真的好似张勇他们那么单纯，一点杂念没有却有韦小宝这个福星当空照着一路飙升的？

大多数还是像索额图这样想在皇帝身边安插一个内应，像桑结、葛尔丹这样想借此和皇帝谈个条件。

我们没有茅十八这么好运气，成为韦小宝生命中的第一个贵人，做一个沙煲兄弟，得到韦小宝一生的赤诚相待，我们也许没有张勇他们单纯、忠义、热诚的品格，在职场生涯中逐渐取得韦小宝的信任，我们也许只有索额图他们一样的贪念和小算盘，那你还敢斗胆和韦大人结交吗？多隆和韦小宝的交情不算浅了吧，关键时刻还不是白刀子进红刀子出，一点犹疑都没有。

所以，想来想去，和韦小宝为敌为友都不是什么好选择，没办法，还是只能违背金庸老先生的谆谆教诲，除了义气，还是要向韦香主韦大人学上几手。

韦小宝的师父们

既然说了要向韦小宝学习职场生存、升迁之道，那咱们就都成了韦氏一门的徒弟，这师承来历渊源是一定要先搞清楚的。韦小宝结拜的次数很多，兄弟遍天下，他拜的师父可也着实不少。反正他说拜师就拜师，拜了一个又一个，他的师父们也不在乎，不然都像其他武林门派那么门规森严，不经师父同意胡乱拜师，韦小宝早就不知道被清理门派多少回了。

韦小宝在扬州遇到茅十八，跟他一起轰轰烈烈做了几件快意恩仇的事情，杀盐枭，杀清鹰，韦小宝从说书先生那里听来的英雄事迹开始慢慢在眼前浮现。“我们是好朋友讲义气，有福同享，有难同当。”这句掷地有声的话韦小宝终于有机会抬头挺胸大声地说出来，世界在他的眼前展开了新的一页。

这时候茅十八嫌弃韦小宝撒石灰、捏阴囊、钻在桌子底下踩人脚板、诈死之类的招数太过下三滥，走江湖的时候用这样的无赖手段，被人耻笑。韦小宝不服气，说自己不会武功，于是茅十八趁机说：“武功都是学的，谁又从娘肚子里把武功带出来了？你年纪还小，这时候起始练武，正来得及。你磕头拜我为师，我就收了你这个徒弟。我一生浪荡江湖，从没几天安静下来，好好收个徒弟。算你造化，只要你听话，勤学苦练，将来未始不能练成一身好武艺。”说着凝视韦小宝，颇有期许之意。

没想到韦小宝竟然不干，摇头道：“不成，我跟你是平辈朋友，要是拜你为师，岂不是矮了一辈？你奶奶的，你不怀好意，想讨我便宜。”

茅十八大怒，江湖之上不知有多少人曾想拜他为师，学他江湖上赫赫有名的“五虎断门刀法”，只是这些人若非心术不正，便是资质不佳，又或是机缘不巧，他身有要事，无暇收徒传艺，今日他感念韦小宝救过自己性命，想授之武艺，哪知韦小宝竟一口拒绝，大怒之下，便欲一掌打过去，手已提起，终于忍住不发，说道："我跟你说，此刻我心血来潮，才肯收你为徒，日后你便磕一百个响头求我，我也不收啦！"

韦小宝道："那有什么稀罕？日后你便是磕三百个响头求我，哀求我拜你为师，我也还是不肯。做了你徒弟，什么事都得听你吩咐，那有什么味道？我不要学你的武功。"

韦小宝做的实在是太对了，在江湖上朋友不能乱交，敌人不能乱树，师父更是不能乱拜。拜了什么山头就要烧什么香，师父不仅仅是传道授业解惑的，更会带领徒弟们走江湖创事业，徒弟一生事业的基础首先是替师父打工，所以这个师父也可以理解成带头大哥。认郭靖做师父，就要死守在襄阳；认杨过做师父就要一辈子躲在活死人墓里；认玄慈做师父就要去雁门关劈人，还要几十年后因为要死守这个秘密而被萧远山打死；认东方不败做师父要挥剑自宫；认茅十八做师父，就要为见到一个认识陈近南的人而欢呼雀跃，为见到一个沐王府的人就高兴半天想跟人结交。茅十八就这么点出息，何德何能，敢做韦小宝的师父？

韦小宝认真拜的第一个师父来头可大了，就是小皇帝康熙。康熙的功夫是假太后教的，他虽然学得认真，但是假太后却是为了跟海大富斗法，教的有真有假，所以康熙的功夫一定比不上茅十八，但是韦小宝拜康熙做师父却不用人来逼，是他自己主动要求的。无他，是因为这个门派实在太厉害，做的是天字第一号、独一无二、别无分店的买卖，认了皇帝做师父，就在君臣关系之外添了一笔超越官方版本，不靠血缘裙带却亲密无间的关系，做师父的照应徒弟，那就更是天经地义的了。韦小宝这个皇帝师父，是他除了匕首、护身宝衣之外的第三件护身符，他后来年纪大了，瞒着皇帝做了不少见不得光的事情，康熙每每翻脸，韦小宝翻身下来，磕一个头，口中大叫，“皇帝师父饶命，小桂子投降……”小皇帝的心立刻就软了。不过小皇帝毕竟是小皇帝，一发现自己做了韦小宝的免死金牌，立刻就伸脚在韦小宝屁股上踢了一脚，说他不守规矩，把他逐出了师门。

韦小宝的第二个师父来头也不小，是当时民营企业天地会的第一把手、董事长兼总经理陈近南。江湖人称不见陈近南就不是好汉，搞得他跟祖国瑰宝长城似的，人人争着一睹芳容来证明自己其实是个好汉。陈近南认韦小宝做徒弟的动机不纯，不比韦小宝认康熙做师父高尚多少。他认了这个小无赖做徒弟，无非是给他一个名分，让他好名正言顺做青木堂的香主，弹压弟兄们内讧争位的行为。他从来没有正经教过韦小宝功夫，更没有认真教他做人的道理。他每次见韦小宝都是匆匆而来，又匆匆而去，无端端让韦小宝产生出一点对父亲的依恋，若被陈近南知道他和江南“名妓”韦春花就此扯上了一点说不清的关系，不知道他是想哭还是想笑？所以韦小宝拜的第二个师父，依旧不是从学习入手，而是各有各的利益，陈近南摆平了青木堂，韦小宝得到了他行走江湖的一道护身符。

韦小宝的第三个师父，虽然是个女尼，但来头更吓人，竟然是前明崇祯皇帝的女儿长平公主。她气势汹汹来刺杀康熙，武功绝世的她志在必得，竟然被韦小宝从枪口下把人救出。韦小宝被这个美貌尼姑抓了去，说了一通鬼话，又听说这个尼姑是他的神仙姐姐阿珂的师父，立刻顺手就拜了这个师父。他对这个师父殷勤得很，鞍前马后伺候得十分周到，无他，不过是借此拉近和师姐阿珂的距离，功夫一样还是没学到。好在韦小宝也不在乎，这个公主师父在他眼里，不过是情场上的一道桥梁。无端被金庸大笔一挥把周世显驸马从身边抹杀掉，只能一辈子对袁承志单相思，唱不成一曲《帝女花》的长平公主要是知道自己肩负着这么重要的爱情责任，也不知是喜是怒呢？

这几个师父的共同点是武功超凡（康熙虽然武功一般，但是在他管理大清帝国集团下的文治武功，给个“超凡”二字，不算过分），身份显要，都是一言胜过千军万马的人物。拜这样的人做师父，韦小宝一则有了师父的荫庇，二来大可以狐假虎威，指点江山时动则可以说：“兄弟我在MIT的时候，恩师梅葛洛庞帝时常这么跟我说……”省略号里面的字句可以自行调配，无人介意真假，恩师的牌匾一扔出来，已经砸死许多没有西洋师承来历的竞争者和没有见过世面的盲目崇拜者了。

应该向坏人学习什么

韦小宝认师父，只看对自己有没有用，能不能撑在背后乘凉，能不能挡在胸前做盾牌，从没想过要师父传道授业解惑。不过韦小宝的人生道路上有一个良师不能不提，没有他的耳提面命，韦小宝不只没有日后的荣华富贵，能不能保住小命都要加个问号。这个人，韦小宝没有向他磕过头叫过师父，反而在心里骂过他无数遍。这个人就是海大富。

茅十八冒冒失失带韦小宝进了宫，被抓到海大富屋里，韦小宝用药弄瞎了海公公的眼睛，又用匕首把小桂子解决了，正吓得魂飞天外的时候，海大富伸手抓住了他的手腕，问他刚才的药弄错了没有，韦小宝当机立断，嘴里含含糊糊地学小桂子说话。从此一个瞎了眼睛心里雪亮的老狐狸和一只天不怕地不怕、诡计多端的小狐狸，就在皇宫里较上了劲。

海大富一早就知道这个小桂子是假冒的，但是他一面要防着这个精怪的小孩，一面又因为自己瞎了眼睛，要依靠这个假小桂子去办事，所以他的心情应该是颇为复杂的。海大富虽然一开始在韦小宝手上吃了点亏，但是他毕竟不太把这个一点不会武功的小混混放在眼里，到时候若这孩子想造反，杀他还不是不费吹灰之力？眼看这孩子比小桂子聪明百倍，不如且先让他假冒小桂子几日，帮自己把事情办了，到时候再办了他。海大富心里打定了这个主意，于是不动声色，开始培养韦小宝。

韦小宝从海大富那里学到的第一项技能非常有用，就是仅次于他蒙汗药大法的化尸粉大法。这个药粉能在片刻之间将一个完整的人变成一滩黄水，比蒙汗药见效快多了。韦小宝活学活用，乃至于到后来不仅能化死人，更能把活人的手掌给化下来，这一点是青出于蓝了。

海大富给韦小宝上的第二课，是提升赌钱作弊的技能。韦小宝在扬州的时候，除了听说书，大多数时候便在跟人掷骰子。他的年纪虽小，在扬州街巷之间，已算得是一把好手，不过当时他用的是灌了铅的二等作弊骰子，而不是海大富让他用的灌了水银的高级作弊骰子。海大富让他跟温兄弟日日赌钱，赌完了还要回房间勤加练习，这为韦小宝日后常常“一把定生死”的豪赌，打下了坚实的技术基础。

韦小宝误打误撞认识了康熙，就天天和小皇帝摔跤角力。海大富一早猜到了那个人是皇帝，教皇帝武功的就是自己要找的假太后，于是他也开始教韦小宝一点武功，让两个孩子在前台打架，他们两个在背后观察试探，所以也不太管孩子们的武功学得怎么样，连大慈大悲千叶手这样高深的武功，都似是而非地传给了他们。韦小宝后来拜了许多武功强过海大富百倍的师父，但是因为没有了要和小玄子打架定输赢的动力，所学还不如海大富时期多呢。

第四课，海大富调整课程，不再教武功招式，而是教武功心法了。韦小宝知道了天天跟他打架的孩子原来是皇帝，皇帝又说和他是好兄弟，韦小宝得意坏了，海大富立刻就明白发生了什么事，语重心长地教育他说：“我有一句话你好好记在心里。今后皇上再说跟你是朋友什么的，你无论如何不可应承的。你是什么东西，真的要和皇上做朋友？他今日还是个小孩子，说着高兴高兴，这岂能当真？你再胡说八道，小心脖子上的脑袋。”

海大富的话是真理。从来最是无情帝王家，皇帝九五至尊高高在上，自称孤家寡人，便是注定没有朋友没有亲情的，皇帝从小接受的教育也是如此。想做一个坐在神坛上的合格的领袖，他也必须如此，因为他是天子，天只有他这一子。海大富在宫里做了一辈子太监，对于皇权的认识比韦小宝深刻何止百倍。韦小宝第一次见到一个年轻的小皇帝居然跟自己举止亲密，言语和煦，免不了有些不知天高地厚起来。没有海大富的这番告诫，韦小宝也许不会这么快琢磨出一套对付康熙的独特态度，就是扮无知，认师父，从不居功，老老实实把自己打扮成康熙这个小老虎脚边的一只宠物猫。官场上进退之间这一点微妙的尺寸，掌握好了就是前程似锦，掌握不好也许就是人头落地。韦小宝听了海大富一番话，就做得这般得体，不愧是妓院中历练出来的。

海大富上的最后一课，亲身上演，言传身教没有半点藏私。他教会了韦小宝一个“忍”字。韦小宝协助皇帝拿下了鳌拜，抄了鳌拜的家，一下子成了一个身家四十五万两银子的大富豪，还和朝廷大员索额图结拜了兄弟，成了康熙御前第一等红人。正在春风得意马蹄急的时候，他告诉海大富两部《四十二章经》落到了太后手里，海大富冷哼了一声，终于和韦小宝摊牌："你的京片子学得也差不多了。几个月之前，倘若就会说这样的话，不带丝毫扬州腔调，倒也不容易发觉。"

韦小宝一下子吓得寒毛直竖，这肯定不是装的。他还真是以为自己运气好，海大富被他骗过了，当他是小桂子，没想到这个海老龟从一开始心里头就跟明镜似的，忍了两三个月，天天与他同吃同住，指使他做这做那，还颇认真地传授了几手功夫，原来不是不动手，是时候未到而已。这等隐忍的功夫，十二三岁聪明机灵的韦小宝却也想象不到。让他更想不到的是，海大富在他的饭菜中下了毒药，最后还告诉他说："本来我想让你再服三个月毒药，我才放你出宫，那时你就慢慢肚痛了。先是每天痛半个时辰，痛得也不很凶，以后越痛越厉害，痛的时刻也越来越长，大概到一年以后，那便日夜不停的大痛，要痛到你将自己脑袋到墙上去狠狠地撞，痛得将自己手上、腿上的肉，一块块咬下来。"

韦小宝幸好先行抄了鳌拜的家，拐了一件护身宝衣穿在身上，所以没有让海大富一掌打死。他悄悄随海大富到了太后宫里，躲起来偷看了海大富和太后一场恶战，才深刻认识到原来海大富对付他，不过是牛刀小试，他和太后两个人互相隐忍，捉摸试探，才算得上步步惊心。经过此役，韦小宝的意志力、耐力大涨，海大富用自己的生命给韦小宝上了最生动最获益匪浅的一课。

另外诸如“要借钱给自己用得着的人”之类的道理，和以上几点相比，顶多只能算海大富上课之余兴之所至随口的点拨，都已经让韦小宝受用无穷了，难怪金庸说妓院和皇宫从来都是最黑暗最肮脏的地方。海大富从小进宫，通过正常途径一步步爬上最后的位置，老皇帝顺治对他推心置腹，连儿子、爱妃的死因，都委托给他调查。海大富在宫中几十年的风雨历练，更非韦小宝在妓院十三年的耳闻目睹可比。韦小宝是官场天才，海大富则好比郭靖，老老实实、脚踏实地地训练自己，最后练成一身旷古烁今的好功夫，也是官场的一个大家。可惜他身体不好，又被韦小宝毒瞎了眼睛，终于被假太后和韦小宝合力杀死了。不然多留他几年，他那些宝贵的经验足以拿来写一本《水煮清宫》。

实战是最好的学习，因为有和海大富斗智斗勇的磨炼，韦小宝更新了装备，整装待发，又开始了和假太后的一场交战。不过从此之后，除了方怡凭着自己的美貌柔情，骗了这个小太监几次，基本上韦小宝再没有栽这么大的跟头，只有他骗别人，没有别人骗他的了。

世界上最了解你的人，不是你的亲人、朋友，也不是你自己，而是你的敌人。越是红了眼要置你于死地的敌人，越了解你的脾气性格、特长弱点。因为他要和你作对，就有动力和兴趣花大把时间把你立作一个专案，前后左右地分析，找出硬壳的地方避开，找到软肋就下嘴。所以敌人喜欢往你身上什么地方招呼，那里就是你的弱点。在这个问题上，敌人不只是你的老师，他比老师更客观。所以我们就算没有韦小宝那样的运气，有海大富这样的好敌人也行，一面跟他作对，一面花时间、精力来完善自己。我们在见了敌人的时候，最好先别仇人相见分外眼红，像王朔骂金庸的时候说的那样：“二话不说，上来就打。”这样就没出息，浪费了一个学习的机会。不如两个敌人先见个面，互相行个拜师礼，慢悠悠地打，能打多久打多久，这样才能有利于共同进步。

面子不是成本

有一个故事说，曾经有一个教授，走在大学校园里，不小心摔了一跤，身边两个大学生见了，赶紧过来扶他。教授四仰八叉趴在地上的时候，一眼看到远远的有个硕士走了过来，教授赶紧阻止了那两个本科生，说：“等一等，我看到街上有一个文学硕士走过来了。”（Stop，I see a Master of Arts coming down the street.）硕士把教授扶了起来，教授谢过了两个大学生，倍儿有面子地走了。

这个故事是董桥在《天气是文字的颜色》一书里说的，他说的这个大学校园就是著名的英国牛津大学，而这个摔了一个跟头的教授，有名有姓，叫詹金斯博士（Dr.

Jenkyns），看来这个故事不是董桥编出来博大家一笑的。董桥是才子，所以他总结这个教授是患了一种叫“学术势利”的毛病。其实说白了，还是一个面子问题，只不过读书人讲面子，多了一些酸腐气，不像我们寻常人死要面子，挤公共汽车去买LV手袋，多了一些铜臭气。

以前有一句老话，说“人活一张脸，树活一张皮”，意思大概是人要是没了面子，宁可不活了。所以为了有面子，为了争一口气，就要勉强自己去做许多自己做不到或者不愿意去做的事情，挣足面子，死而后已。这话不能说它俗气，因为事实证明，面子不仅仅是一种虚荣，有时候看似不值钱、典型身外物性质的面子，没有了它，还真有人就不认你了。陈寅恪留学海外十八年，哪里的大学好，哪所大学的图书馆藏书多，他就跑去哪里上学，从来不把学位这两个字放在心上。陈寅恪觉得学问是最真实的，而学位只不过是贴在面子上的一层皮，供人观赏之外，毫无意义。他学成归国，灌了一肚子的中西学问，学富五车，梁启超知道陈寅恪是个有真本事的人，向清华大学校长曹云祥推荐，结果曹校长很为难，说这个人不是硕士，也不是博士，着实有些难办。最后梁启超发了一顿脾气，又找来柏林大学、巴黎大学的名教授给陈寅恪作保，才勉强让陈大才子做了清华大学的导师。可见出来走江湖，如果完全不把面子当回事，自己都不愿意给自己面子，连这样千载难逢的大才子，都可能没了面子呢。

出来走江湖，人人给面子，当然是件好事，吃得开就路路通神好办事，不然为什么现在人际关系、公关这么热门呢？搞公共关系，其实也没别的什么招数，无非就是往自己脸上贴金，能说多好说多好，有人在你的面子上挖了个伤疤，也要用公关的招数，搞些珍珠粉涂上，美容一番。

但是世事无绝对，如果太执着于面子，反而适得其反。所以职场天才韦小宝总结了一条关于面子的原则就是："自己的面子可要可不要，别人的面子不给也得给。"韦小宝一辈子贪财好色，满嘴跑火车，不学无术，不懂装懂，除了讲义气还稍有可取之处外，都不知道赞他什么好。康熙宠信他，连天下人都知道康熙喜欢这个不讲规矩、无法无天的少年臣子在身边说说笑笑。所以韦小宝在索额图这些大官眼里，虽然值得拉拢，到底不过是一个弄臣，心中究竟有几分看得起他，就不用多说了。

"面子不是成本"这句话，据说是香港一位肥胖商人最早坦白说出来的。他先是做制衣，后来搞传媒，都风风火火，有声有色。不过，他倒是从来不掩饰自己的商人本性。最典型的例子就是他搞的报纸，一边给公众声泪俱下地为失实报道道歉，另外一边继续刊登捕风捉影、渲染血腥暴力的新闻。在他眼中，做生意的时候，员工工资、租金、水电费用都是成本，但是就是"面子不是成本"。这也算是厚黑学的升级版本了。

韦小宝小时候也是个死要面子的人，所以一出道就栽了一个跟头。他和茅十八上北京去，茅十八让他和自己骑一匹马，韦小宝从来没骑过马，想自己骑，茅十八就道："你会骑便骑，不会骑趁早别试，小心摔断了你的腿。”韦小宝要面子，不肯认输，吹牛说：“我骑过好几十次马，怎会不会骑？”他从马背上跳下来，走到另一匹马左侧，一抬右足，踏上马镫，脚上使劲，翻身上了马背。不料上马须得先以左足踢镫，他以右足上镫，这一上马背，竟是脸孔朝着马屁股。茅十八哈哈大笑，故意害他，不仅脱手放开了韦小宝坐骑的缰绳，还挥鞭往那马后腿上打去，那马放蹄便奔。韦小宝吓得半死，险些掉下马来，双手牢牢抓住马尾，两只脚夹住马鞍，身子伏在马背之上，但觉耳旁生风，身子不住倒退。幸好他人小体轻，抓住马尾后竟没掉下马来，一面还在马上破口大骂。受了这次惊吓，韦小宝改了不少好面子的毛病，虽然吹牛还是免不了，不过被人小看也不至于这样用性命去冒险了。

说韦小宝迟钝也好，说他淡泊名利也好，总之越到后来，韦小宝越不把别人怎么看他放在心里。说他是不学无术也好，是弄臣也罢，他终于明白面子是虚幻的，能搞到银子，能骗到老婆，如果顺便能讲一讲义气就更好了。为了这个终极目标，韦小宝可以装疯卖傻，撒娇撒泼，无所不用其极。

自己的面子无关紧要，别人的面子一定要给到十足。当然这个别人不是所有的人，像刘一舟这样的情敌，这样一个没有骨气、不讲义气的叛徒小白脸，韦小宝是一点面子也不给，活埋，割辫子，怎么羞辱怎么来。像吴三桂这样的敌人，韦小宝以钦差大人的身份给康熙去打前站，有皇帝在背后撑腰，韦小宝狐假虎威起来，更是平西王的面子也用不着给，尽情用言语挤对他，还抢了人家的儿媳妇。这个玩法在现代职场倒是常见的。

那谁的面子要给呢？首先自然是韦小宝的大老板皇帝的面子，绝不能落了。擒拿鳌拜的时候，皇帝在鳌拜的背后插了一刀，这么见不得光的事情，韦小宝就让它烂在了肚子里。韦小宝立了许多功劳，回来皇帝跟前，从来不忘说一句，是皇帝运筹什么什么之中，决胜什么什么之外，是皇帝洪福齐天，小桂子才能马到成功。甚至他挺身帮皇帝挡住刺客的刀剑，也不忘向皇帝告罪，说是自己糊涂了，不然小皇帝左手一招白鹤疏翎，右手一招羚羊挂角，就能把敌人杀个落花流水，而自己贸然抱了皇帝在地上打滚，害得皇帝没有了施展功夫的机会，实在是罪不可恕。话是肉麻了些，但是这个道理不肉麻，功劳是自己立的，面子却是皇帝要的。

第二个不能落了面子的，是韦小宝的另一个特别买账的大企业、大码头——天地会。韦小宝第一次到天地会，天地会的人疑心他，所以叫出韦小宝的老相识茅十八出来相认。茅十八一见韦小宝，高兴地哭了，说：“你也是天地会好朋友们救出来的吗？”关安基等人登时神色尴尬，觉得这件事做得实在不大漂亮。哪知韦小宝道：“正是，那老太监逼着我做小太监，直到今日，才逃出来，幸好碰上了天地会的这些……这些爷们。”天地会群豪都暗暗吁了口气，觉得韦小宝如此说法，顾全了他们的脸面，心中暗暗感激：这人年纪虽小，却很够朋友。于是这些人立刻对韦小宝好感大生，本来想要他性命的也不要了，本来怀疑他的也不怀疑了，安排他去厢房休息，韦小宝睡着了还有人把他抱上床，替他盖被子。像这样出来行走江湖的帮派，最要紧的是面子，也就是今天说的商誉和口碑，对他们来说，这些都是无形资产。所以韦职员懂得送他们一个江湖面子，虽是无本生意，利润回报却是极高的。

第三个要给面子的，是还摸不清底细或者今天无关痛痒的人。给他们点面子，说不定今日种树，日后就会有开花的一天。这个思路在职场之中也是无往不利的法宝。韦小宝在康亲王府里喝酒听戏，见了平西王世子，三言两语，挑唆康亲王的手下和平西王世子的随从打架比武，自己在一旁看得手舞足蹈。世子的随从没有主子的命令，不肯还手，结果十六个人的帽子都被人削到了地上。受了这份侮辱，十六个人面上虽然不动声色，眼睛里却要喷出火来。

韦小宝自幼在市井中混，自然而然深通光棍[1]之道，觉得神照上人做事太不漂亮，没给人留半分面子。他见平西王府随从的神情，心下大大过意不去，于是起身走到众人身前，俯身拾起那长身汉子的帽子，说道：“老兄当真了不起。”双手捧了，给他戴在头上。那人躬身道：“多谢！”韦小宝跟着将十五顶帽子一顶顶拣起，笑道：“他们这样干，岂不是得罪了朋友吗？”他分不清楚哪一顶帽子是谁的，捧在手里，让各人取来戴上。

1　通常指没有老婆的男人，这里指地痞、无赖。

韦小宝这一番做作，不仅让康亲王和平西王世子都下了台阶，更给了这十六个随从一个好大的面子，他也因此认识了一个好兄弟——杨溢之。

不认识的人，不知道底细的人，不能得罪，要给面子。认识，知道底细，有心拉拢的人就更应该给面子去拉拢他。金庸笔下的成吉思汗就是这么干的。哲别在战场上表现神勇，完颜洪烈要赐他金杯饮酒，哲别刚想饮酒的时候，和成吉思汗作对的桑昆，故意喝止他，说他小小的十夫长，不配用金杯喝酒。哲别受了侮辱，恨恨出帐而去。

成吉思汗跟出去，当着众将士的面表扬哲别的表现，升了他做百夫长，又叫人拿过他平时带的头盔，举在空中，叫道："这是我戴了杀敌的铁盔，现今给勇士当酒杯！"说着揭开酒壶盖，把一壶酒都倒在铁盔里面，自己喝了一大口，递给哲别。哲别满心感激，一膝半跪，接过来几口喝干了，低声道："镶满天下最贵重宝石的金杯，也不及大汗的铁盔。"成吉思汗挽回了哲别的面子，同时也收服了他的心，从此成吉思汗就算让哲别死一万次，哲别也不会皱一次眉头。一点面子换来一个万夫不当其勇的骁将，这笔生意实在划算。

所以，面子的问题是需要分两面对待的。对别人除非有特殊目的，有心跟人家过不去，那自然不用给面子，否则还是有多少给多少，一来不费成本，二来攻心为上，谁让这个世界上好面子的人多呢。从自己的角度来说，还是不要面子为好。因为如果要面子，很容易因为别人给了一点面子就轻易地收买了你，或者别人拿一点面子就跟你讨价还价，你却被面子所困，很难就地还钱，这谈判就不平等了。不要面子，少些顾虑，只要目标明确，至于通往这个目标的道路是否光彩，其实没那么重要。就好比阿珂这个绝世美人最终成了韦小宝的老婆，虽然有无数人指责韦小宝手段不光彩，那又如何？人家天天夜入花丛，抱得美人归，甘甜也只有他自己知道。

言行必留三分余地

在《鹿鼎记》的结尾，韦小宝再不能在朝廷和天地会两者之间游刃有余，得心应手。皇帝为了逼他和天地会决裂，亲手在圣旨中添上韦小宝杀了天地会头目陈近南，又逼着他去监斩他的好兄弟茅十八。天地会众人则把韦小宝带到银杏胡同，要杀了他替陈近南报仇。

韦小宝神行百变的功夫来不及施展，天地会的人和他做兄弟久了，深知他的特长，所以也不准备听他的花言巧语，就要剖了他的狼心狗肺。韦小宝正没有办法的时候，他的好夫人、第一贴心的小丫头双儿挺身而出，将韦小宝如何为了救陈近南及众家好汉而出亡、如何被神龙教掳向通吃岛、陈近南如何被郑克爽和冯锡范二人所杀、风际中如何阴谋败露而被自己轰毙、康熙如何一再命令韦小宝剿灭天地会而他决不奉命、如何法场换人搭救茅十八等事情，一一说了。她并非伶牙俐齿之人，说得殊不动听，但群豪和她相处日久，素知她诚信不欺，又见她随口说出来，没丝毫踌躇，种种情由绝非顷刻之间捏造得出，韦小宝为了救护众人而弃官，伯爵府被大炮轰平，众人原是亲历，再细想风际中的行事，果然一切若合符节，不由得不信了。

没想到这群口口声声喊着要替总舵主报仇的人里面，竟然还有康熙的眼线，早上发生的事，下午皇帝就知道了，把韦小宝找来训示了一番大道理，说了一通掏心肝的话，就把韦小宝放走了。韦小宝这次又吓得不轻，一出来就发现自己吓出了一身冷汗，回去左想右想，都觉得后怕，“皇上责成我查明冯锡范的下落，瞧皇上的神气，是怀疑我做了手脚，只不过不大拿得准。这件事又怎生搪塞过去？刚才双儿在银杏胡同说到我法场换子，相救茅大哥，幸好我事先没跟她说是用冯锡范换的，否则这老实丫头必定顺口说了出来，那奸细去禀报了皇上，我这一等鹿鼎公如不降十七廿八级，我可真不姓韦了。”

这件事情韦小宝能如此轻易过关，完全仰赖他的一个好习惯，就是说话做事都留三分余地。双儿是他最亲厚最信得过的人，跟他一起出生入死，培养出来了革命的爱情。甚至可以大胆地说，双儿是他七个老婆中，唯一一个和他有感情基础的。美貌如阿珂，在追求的时候韦小宝痴迷到了极点，一见阿珂的容颜，他好用的脑袋都钝了几分。可是娶到手之后，也未见他如何特别宠爱，去俄罗斯打红毛鬼签《尼布楚条约》的时候，还是带着他最心爱的小丫头双儿去的。这样一个最得他心的女人，韦小宝和她说话还是有所保留，不是全盘托出，有一句说一句。

凡事留三分余地的学问，韦小宝是从小就开始练习的。据说市井间流氓、无赖尽管偷抢拐骗，什么不要脸的事都干，但与人争竞，总是留下三分余地，大江南北，到处皆然。妓院中痴迷的嫖客，将携来的成万两银子在窑姐身上散光，老鸨还是给他几十两银子的盘缠，以免他流落异乡，若非铤而走险，便是上吊投河。那也不是这些流氓、无赖的良心真好，而是免得事情闹大，后患可虑。韦小宝与人赌钱，使手法骗干了对方的银钱，倘若赢他一两，最后便让他赢回一二钱；倘若赢了他一百文，最后总让他赢回一二十文。一来以便下回还有生意，二来叫对方不起疑心，免得他恼羞成怒，拔出拳头来打架。

韦小宝五岁那一年，一个妓女给他五文钱，叫他到街上买几个桃子，他落下一文买糖吃了，用四文钱买了桃子交给那个妓女，那妓女居然并未发觉，还赏了他一个桃子。这是韦小宝赚得的第一桶金，从此在韦小宝看来，银钱过手而沾些油水，原是天经地义之事，只不过干的次数多了，难免给人查到。头上挨了不少爆栗、屁股上被人踢过无数大脚之后，韦小宝终于得出了一条宝贵的经验，就是事先打下伏笔，留出推诿的余地，想好胡赖的理由，到时候才好脱身。

韦小宝在江南妓院中学会的这个绝技，为他日后做营私舞弊、偷鸡摸狗的勾当打下了坚实的基础。韦小宝初出江湖，领到了去鳌拜家抄家的重任，先吞没了鳌拜藏宝室里藏的一把削铁如泥的匕首和一件刀枪不入的宝衣，正得意间，突然索额图索大人上来同他说："兄弟，他们汉人有句话说，'千里为官只为财。'这次皇恩浩荡，皇上派了咱哥俩这个差使，原是挑咱们发一笔横财来着。这张清单嘛，待会我得去修改修改……单子上开列的，一共是二百三十五万三千四百一十八两。那个零头仍是旧，咱们给抹去个'一'字，戏法一变，变成一百三十五万三千四百一十八两。那个'一'字呢，咱哥俩就二一添作五如何？"

这个本来偷鸡摸狗，见了一块元宝就猛吞口水的穷小子，第一次出差，竟然就发了几十万两银子的大财，不觉魂飞天外，一路盘算如何回扬州一口子开它十间妓院，大大地威风一次。回到宫里，皇帝问起抄家的情况，韦小宝毫不犹豫地说："索大人初步查点，他说一共有一百三十五万三千四百一十八两银子。"他将这数字说成是索额图点出来的，将来万一给皇帝查明真相，也好有个推诿抵赖的余地。

后来想想，自己的几十万两银子已经到手，光说是索大人初步查点，还是不太保险，解释不了那不翼而飞的一百万两银子的去向。于是韦小宝又找了一个机会，在皇帝要封赏他的时候，趁机推却说不要皇帝的赏赐，因为他上次去抄鳌拜的家，小小地发了一点财。至于这个财究竟有多大，韦小宝当然不会说。皇帝心情正好，听韦小宝这么一说，还挺高兴，觉得这个家伙是个忠臣，这样的事情都不打自招了，得，那财就赏了给他吧。皇帝可能一辈子也不知道，自己这一赏，就出去了一百万两银子，但是皇帝一言既出，驷马难追，这笔旧账就算日后被翻出来，韦小宝的腰板也挺得比谁都直。至于他的好哥哥索大人，可能就学不会这么复杂的防身术。要不历史上的索额图也不会以外戚身份被康熙清洗。

给别人留下三分余地，不至于将人逼上绝路，狗急跳墙激发出潜能来同自己作对。俗话说进一步寸步难行，退一步海阔天空，给自己留下三分余地，转腾挪移，才有花样好使。否则画地为牢，就算会凌波微步、神行百变的功夫，也跑不了多远。留一点余地，就是留得青山在，不怕没柴烧，千万不能学以前流行的港产片，里面英俊潇洒的赌神、赌侠或者赌王，手捏一把烂牌，气定神闲地轻轻吐出一个烟圈说："All in."就等坏人主动投降。那是电影拍来骗人的，这样一手烂牌还压上全部身家的行为，不叫豪赌，叫发神经。

就算是捏着一手好牌，最好也不要动不动就豪赌。现在的媒体，尤其是财经媒体，特别偏爱"豪赌"两个字，可能这两个字远远看上去有一种壮士一去不复返的慷慨悲凉之气，最适合以赌徒自居的想发财的年轻人观赏。所以投资某领域是豪赌，在某地开厂是豪赌，用某人做CEO是豪赌，说得好像做生意除了豪赌就没有别的出路，老板个个都是赌神似的。其实想一想，韦小宝也有一把骰子定输赢的时候，但是他扔骰子，定的是别人的脑袋，是王屋山那群反贼的生死。他自己的命运就算要用骰子来定，也不过是自己躲在书房里悄悄地掷，连扔五六把再带上作弊，这样的玩法不过是自己逗自己玩，跟豪赌其实一点关系都没有。

即使是华尔街最为硅谷神话倾倒的时候，风险投资家也不外乎做两件事情，一件是在人才上下赌注，一件是在技术革命的创意上下赌注。他们早就知道，投资成功的比例是相当有限的，实际上大多数投资赌注并不可能成功，只有一小部分可以改变整个世界。

在他们的会计账单上，成功的案例不到10%，真正赚到大钱的项目大概只有百分之零点几，其他百分之九十的项目，都是竹篮打水一场空。风险投资银行财大势大，东边不亮西边亮，这也是分散投资降低风险的一个办法，却不是我们天天替他们叫嚣的豪赌。

成功商人比一般人多一些风险意识，他们可以在一定程度上冒险，但是这个险必须是经过严谨计算并可以有效控制的，激烈到以倾家荡产为代价的豪赌，就好像足协豪赌世界杯一样，没什么实际意义。

豪赌不是人人都能学到的。在香港经典的江湖电影系列之中，周润发扮演的忠肝义胆、雄姿英发的小马哥，在和对手一搏之下送了命，后来编剧给安排了一个孪生兄弟，大仇才得报。打工一族们在公司应该坚决摈弃“豪赌”两个字，向韦小宝学习，遇事先留后路，豪赌之前先留下一点防身的银子，投靠甲老板的时候不要随便往乙老板身上吐痰，有什么机要的事情，就算是亲爹娘也不要有一说一，这样这个世界也许会可爱许多。

这本书写到了这里，其实也正适合用“留有余地”来做结尾。职场之中，少不了尔虞我诈、钩心斗角、刀光剑影，这些肯定要严阵以待，防人之心不可无。另外，在职场也大可不必要求自己做到对事不对人。因为，即使你对事不对人，其他人大多还是对人不对事的，就你一个人要，也还是没戏。不过，最需要作为职场座右铭的是韦小宝的这个经验：凡事言行必留三分余地。相当一部分现代人已经没有时间和心情来营造“人人为我，我为人人”的气氛，但是凡事留一线，日后好相见，才是颠扑不破的秘笈。

图书在版编目（CIP）数据

圈子·段子之职场金庸：金庸小说里的公司人智慧／沈威风著.
—成都：西南财经大学出版社，2014.3
ISBN 978-7-5504-1325-2

Ⅰ.①圈… Ⅱ.①沈… Ⅲ.①金庸—侠义小说—小说研究②职业—应用心理学—通俗读物 Ⅳ.①I207.425②C913.2-49

中国版本图书馆CIP数据核字（2014）第003312号

圈子·段子之职场金庸：金庸小说里的公司人智慧
Quanzi · Duanzi zhi Zhichang Jinyong：Jinyong Xiaoshuoli de Gongsiren Zhihui
沈威风 著

图书策划：亨通堂文化
责任编辑：张明星
助理编辑：文康林
特约编辑：朱 莹
封面设计：领锐书装
责任印制：封俊川

出版发行	西南财经大学出版社（四川省成都市光华村街55号）
网 址	http：//www.bookcj.com
电子邮件	bookcj@foxmail.com
邮政编码	610074
电 话	028-87353785 87352368
印 刷	北京合众协力印刷有限公司
成品尺寸	145mm×210mm
印 张	8.25
字 数	170千字
版 次	2014年3月第1版
印 次	2014年3月第1次印刷
书 号	ISBN 978-7-5504-1325-2
定 价	28.00元